十二歳の国の戦争

拝復 マッカーサー様

二日市 壮

国書刊行会

十二歳の国の戦争

拝復マッカーサー様

二日市壮

まえがき

二〇二二年二月、ロシアがウクライナに侵攻した。砲弾で大穴があき黒焦げになった集合住宅、無残に破壊された街、避難する人びとの姿は見る人々の心を痛める。と同時に、昭和二〇年、一九四五年の日本、少年だった私の記憶がよみがえる。

私の生まれた翌月に二・二六事件が起き、そのまた半年後に日中戦争が始まった。小学校に入る四か月前には太平洋戦争に発展し、小学四年生のとき、Ｂ29による空襲でわが家は全焼した。合わせると四度、生命の危機にさらされている。そして戦後の大混乱。

当時の日本は現在のウクライナであると同時にロシアでもあった。もとは加害者だったのだ。中国に攻め込み、「大東亜共栄圏」建設を名目に東南アジア諸国を蹂躙《じゅうりん》した。

戦後、日本への占領軍司令官となったマッカーサーが、米議会の公聴会で、「近代文明の観点から、われわれアングロサクソンを45歳とすると、日本人は十二歳である」と証言したように、日本社会の幼さがあった。この証言は日本人にショックを与えたが、よく言い当てていた。明治維新で封建制から解放されても、日本人には「自我」は育っていなかった。上からの命令に素直に従う人間になるように教育されていた。自分で判断し行動する人間にはなっていなかった。国民に本当のことを知らせずに一握りの人間が国を動かす。国民はそれを信じて戦争に突入させられた。圧倒的に負けていても「いつかは神風が吹いて戦況をひっくり返す」。民主主義や科学的思考とは程遠い十二歳の国の社会構造だった。

当時は、空襲で親兄弟を失い、家も焼かれた多数の戦災孤児が街にあふれていた。それに比べて私程度の体験を語っても意味はないと思っていた。だが、日本とアメリカが戦争して日本が負けたことすら知らない若い人たちがいることを知って、自らの体験を記すことが使命のように考えるようになった。

戦時中は負けていることも知らされず、戦後の混乱期は生きることに懸命で、戦争の実相が部分的に明らかにされても、それらを読もうという意識もなかった。また占領軍にとって都合の悪いことは伏せられた。負け戦の詳細など知りたくないという心理もあった。

ひとりの少年にとって戦争はどんな体験だったのかというところから、戦争は一人ひとりの国民にどんな体験を強いるものなのか、教科書や歴史書に書かれていないことを、長い間、ジャーナリストとして生きた者として伝えておきたかった。

「戦争の世紀」だった二〇世紀、そして新しい二一世紀は平和の世紀になるはずだった。しかし「戦争」は過去の遺物になったのではなかった。

ロシアの国民は帝政ロシアの時代から、一度も真の民主主義というものを体験していない。ロシア国営放送で、女性の編集者が、たまらずにニュースのテレビカメラの前に飛び出し、「この内容を信じないでください」と手書きした紙を掲げた光景は忘れることができない。

日本はいま、覇権主義、独裁、軍事に力を入れる三つの国に取り囲まれている。さらに、これも過去のものと思われていたような、二〇世紀初頭に起こったような感染症のパンデミックが私たちを苦しめている。災害は忘れたころに繰り返すといわれるが、戦争は災害ではないし、避けることができるはずだ。忘れてしまうわけにはいかない。

現在の日本社会は何歳になっているのだろうか。「十二歳」の未成熟な社会が引き起こした戦争で起こったこと、責任を問われるべきことなどを、少しでもこれからの社会を生きる人たちに一緒に考えてもらえれば幸いである。

太平洋戦争小年表

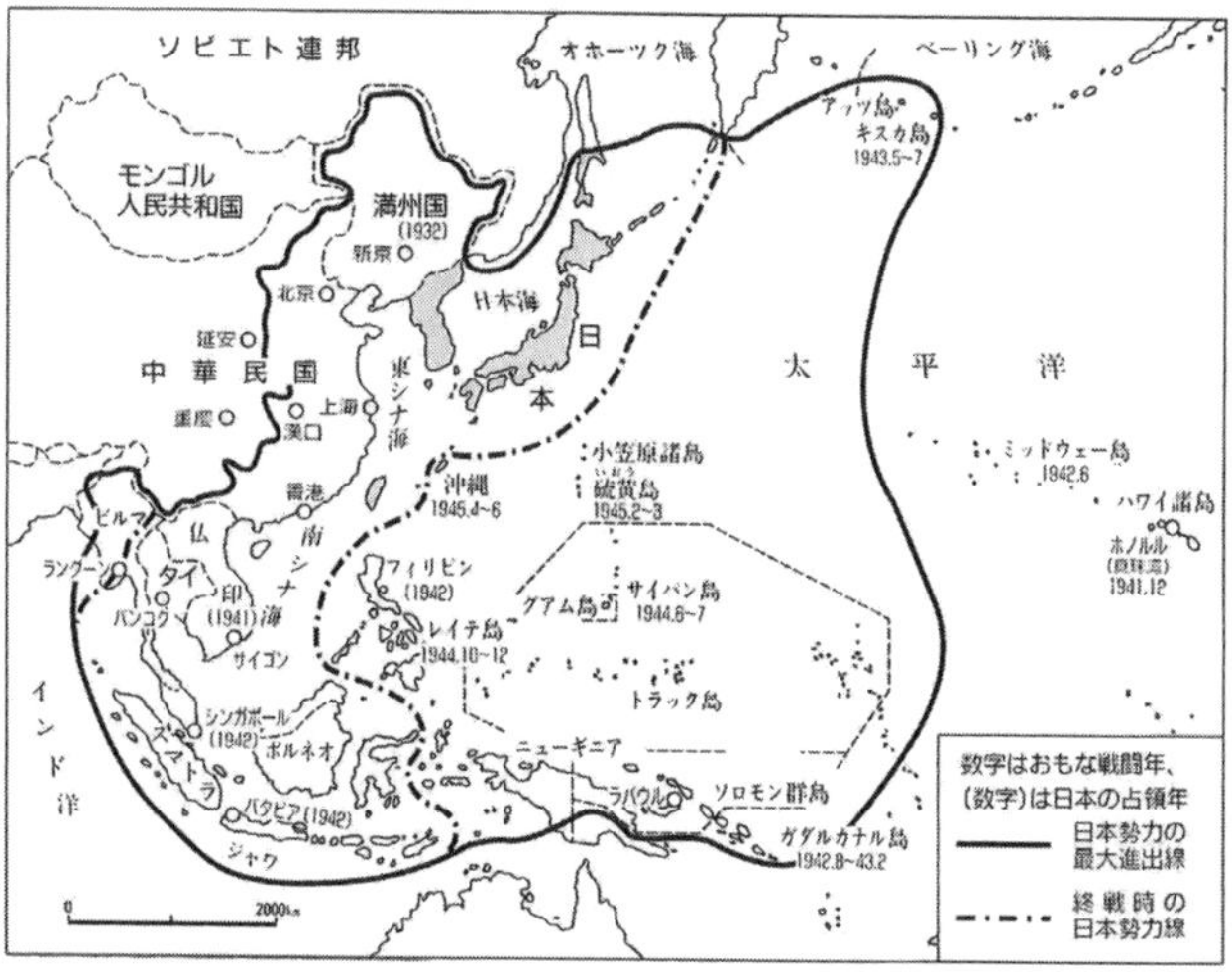
ソビエト連邦
モンゴル人民共和国
満州国
(1932)
新京
北京
延安
中華民国
重慶
漢口
上海
東シナ海
日本海
日本
オホーツク海
ベーリング海
アッツ島
キスカ島
1943.5~7
太平洋
小笠原諸島
硫黄《いおう》島
1945.2~3
沖縄
1945.4~6
香港
ビルマ
仏印
(1941)
タイ
ラングーン
バンコク
サイゴン
南シナ海
フィリピン
(1942)
レイテ島
1944.10~12
グアム島
サイパン島
1944.6~7
トラック島
ミッドウェー島
1942.6
ハワイ諸島
ホノルル
1941.12
インド洋
シンガポール
(1942)
スマトラ
ボルネオ
バタビア(1942)
ジャワ
ニューギニア
ラバウル
ソロモン群島
ガダルカナル島
1942.8~43.2
0
2000km
数字はおもな戦闘年、
(数字)は日本の占領年
日本勢力の最大進出線
終戦時の日本勢力線

1894年8月～95年3月	日清戦争
1904年2月～05年9月	日露戦争
1910年	日本、韓国を併合
1912年	中華民国成立
1914年7月～18年11月	第1次世界大戦
1918年8月	日本軍、シベリアに出兵
1922年2月	ワシントン軍縮条約に調印、主力艦アメリカ10、イギリス10、日本6の比率に軍部不満
1928年6月	張作霖爆殺事件
1929年10月	世界恐慌始まる
1930年4月	ロンドン軍縮条約調印
1930年11月	浜口雄幸首相が東京駅で右翼に狙撃され負傷する。のちに死去
1931年9月	柳条湖事件→満州事変
1932年3月	満州国建国宣言、リットン調査団

太平洋戦争小年表

〃 5月	5・15事件、犬養毅首相が海軍軍人に暗殺される
1933年3月	日本が国際連盟を脱退
1936年2月	2・26事件
1936年末	両軍縮条約が失効、日米の建艦競争始まる
1937年7月	盧溝橋事件→日中戦争に発展
1937年11月	巨大戦艦「大和」起工
1937年12月	日本軍が中国の首都南京を占領
〃 4月	国家総動員法
1939年5月	ノモンハン事件
〃 9月	第2次世界大戦が始まる
1940年9月	日独伊（日本・ドイツ・イタリア）三国同盟調印
1940年11月	大政翼賛会ができる
1941年10月	東条内閣が発足
1941年12月	真珠湾攻撃、太平洋戦争開戦
1942年5月までに	日本軍が東南アジア各地を占領

1942年6月	ミッドウェー海戦で大敗北
1943年9月	イタリアが降伏
1943年11月	大東亜会議
1944年7月	サイパン島陥落
1945年3月	東京大空襲、B29による日本本土焦土化作戦
〃	硫黄島が米軍の手に落ちる
1945年4月	米軍が沖縄上陸
1945年5月	ドイツが降伏
1945年8月	広島・長崎に原爆投下
〃	ソビエト連邦が参戦
〃	ポツダム宣言を受諾、日本が降伏
1945年9月	降伏文書調印
1947年5月	新憲法施行
1951年9月	サンフランシスコ平和条約調印

十二歳の国の戦争　目次

第二部　十二歳の国の太平洋戦争　73

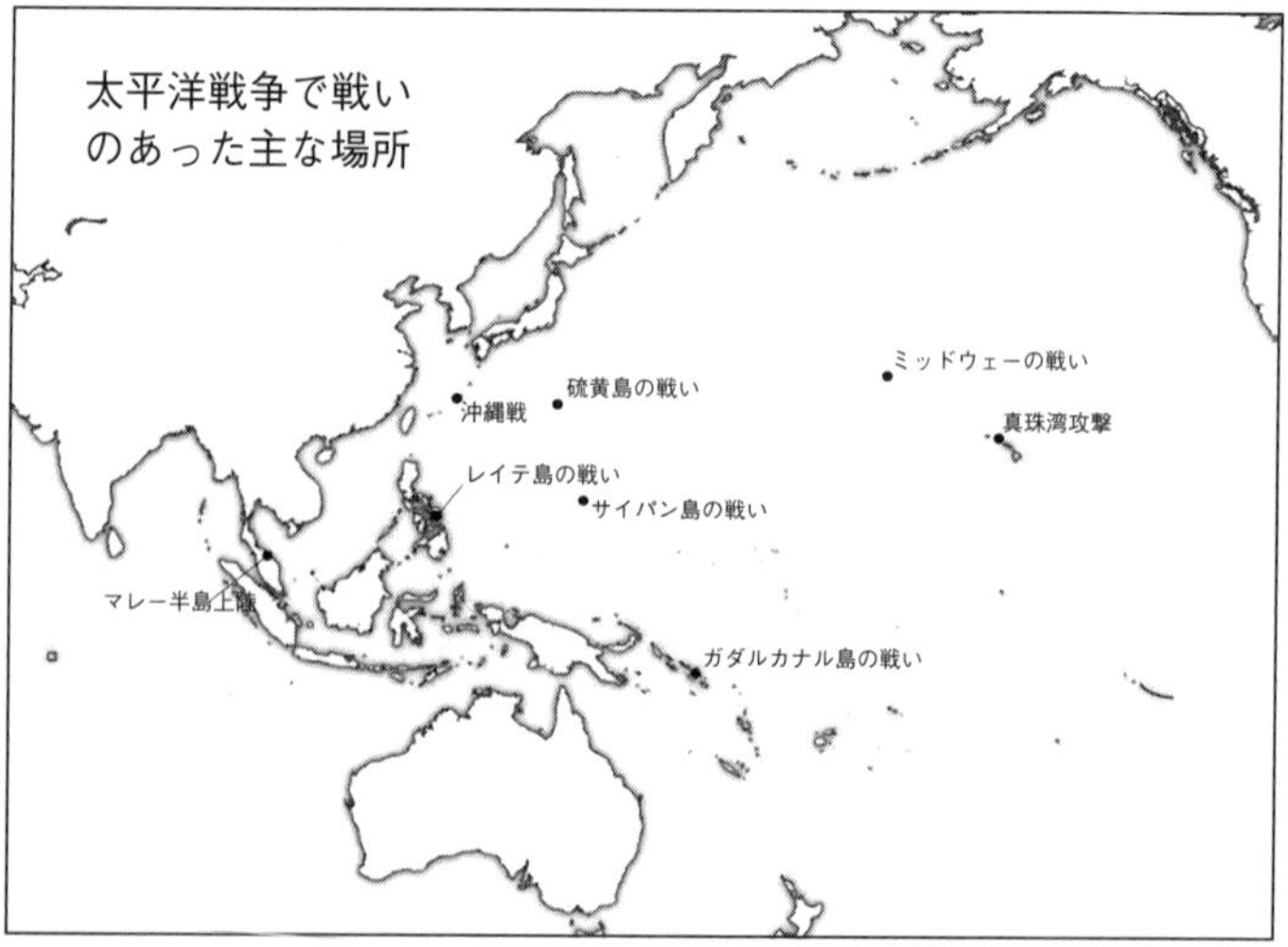
太平洋戦争で戦いのあった主な場所
ミッドウェーの戦い
硫黄島の戦い
沖縄戦
真珠湾攻撃
レイテ島の戦い
サイパン島の戦い
マレー半島上陸
ガダルカナル島の戦い

第一部

空襲を生き延びた少年

大阪・堺への大空襲

耳を覆う闇夜の爆音、アメリカの巨大な爆撃機B29の編隊だ。あとからあとから続く。それらに混じってあちこちで爆発音が続いていた……。

突然、頭上の「ヒューヒュー」という音が「ザーザー」という大音響に変わる。

「なんだ?」　激しい雨がいっせいにトタン板を叩きつけるような、それまで聞いたことがない異様な音だ……。まもなくドーンと地面が震えた。あたり一面が真っ赤な炎に包まれる。辺《あた》りが燃え上がったのだ。一九四五年七月一〇日未明、大阪府堺《さかい》市へのアメリカ軍B29による大空襲である。

小学四年生の少年と、上から三番目の小児まひの兄の二人は、家の横、畑の中の防空壕にいた。入り口の階段から真っ赤な炎《ほのお》がチョロチョロと降りてきた。大きな炎ではない。少年は一瞬考えた末、兄をかばうように階段に近寄り、自分の息をこわごわ吹きかけると

昭和初期の堺市三国ヶ丘周辺

炎は消えた。

まもなく母親と上から二番目の兄の叫び声、家から防空壕に駆けつけてくれたのだ。木造平屋の家はもう燃え上がっていてどうすることもできない。母親とその兄は家の中の火を消すことができないと判断して消火をあきらめ、裏庭に掘った家財道具を入れた別の防空壕の入り口を、用意したスコップで土をかけてふたをしたあと、数十メートル離れた私たちの所に走ってきたのだった。

ごうごうと燃え盛るわが家と隣りの家、さらに向かいの洋館も炎を噴き上げる。畑には肥溜めが一つあるのだが、その水分をかけても何ほどにもならないだろう。少年はリュックサックを背負っていたが、いつも枕元に置いていた大好きな本、「家なき子」は、停電の真っ暗闇の中であわてて蹴飛ばしてしま

写真右から
焼夷弾のしくみ
焼夷弾の子弾
焼夷弾の親弾

焼夷弾は、油脂（ナパーム）の発火性を利用した爆弾で、弾丸が爆裂すると発火して燃える。初期消火は不可能だったにもかかわらず、政府は水をかけるように指導した。B 29から投下されたM 69焼夷弾は、クラスター爆弾（集束爆弾）という親子弾タイプの爆弾で、多数の爆弾からなり、広範囲を焼き尽くした

ったのか、リュックに入れることができなかったのが悔しかった。

焼夷弾《しょういだん》の六角形の形の鉄製の筒は、溶けたりせずに全部そのまま残っていた。数日後、一つの区画になっていた少年の家と隣りの家、それから畑の焼け跡を歩いて、あちこちに転がっていた六角形の筒の数を数えた。全部で三六発あった。少年らがいた防空壕のすぐそばの地面に二発が突き刺さっていた。これが少し外《はず》れていたら、自分と兄の命は消えていただろう。よく家族の頭を直撃しなかったものだ。そう考えると恐ろしかった。

家と大切な思い出を一瞬にして焼きはらったアメリカに対して強い怒りを感じた。同時にそれ以外の何かに対する怒りも感じたが、それがなんであるかはわからなかった。

軍国少年

大阪と神戸の中間、西宮市で少年は生まれた。一九三六（昭和一一）年一月二一日、会社員の父親とその妻である母親、男ばかり五人兄弟の末っ子だった。家の近くに阪神電鉄の線路、そして香櫨園《こうろえん》駅があった。電車が駅からスタートして徐々にモーターの回転を上げていく。少年はその音を口で真似していた。まだ「軍国少年」ではなく、「電車少年」だった。いつか電車を運転したいと思っていた。それでも次第に時代の雰囲気によって、いつの間にか軍国少年へと変わっていった。

少年が生まれた翌月、二・二六事件が起きた。陸軍の青年将校らが部隊を率いて首相官邸などを襲い、内相、蔵相、教育総監らが殺害された。その四年前には、海軍将校らによる五・一五事件が起きて、時の犬養《いぬかい》首相が射殺されていた。軍部の力が強くなり、自由に物が言えないばかりか、危険な方向に向けて走っていく。そんな世の中になっていた。翌年には盧溝橋事件があり、日中戦争が始まっていた。それ以前に関東軍による満州事変が起きていた。少年は戦争に包まれて育っていった。

少年の父親は尼崎の住友重工業に勤めていた。技師で検査部の責任者だった。兄たちの話で記憶に残っているのが父の手帳だった。最初のページに「この手帳の内容を読むと罰せられる。直ちに交番に届けよ」と書いてあったという。この工場では潜水艦などに使う高張力鋼を製造していた。その強度は潜水艦がどれほどの深さまで潜れるかを示す高度な軍事機密だった。

両親とも大分県宇佐郡の出身、父親は熊本高等工業採鉱冶金《やきん》学科（現熊本大学）を出て朝鮮の金鉱山の技師となり、その後、内地に帰った会社が住友の会社になったのだった。

四人の兄のうち一番上の兄は、尼崎中学校（旧制、いまの高校）から東京歯科医専（現東京歯科大）に、次兄は同じ尼中から甲陽高等工業専門学校（戦争で中退）に、三番目の兄は小児まひで当時は国民学校（小学校）に通い、四番目の兄も同じ国民学校だった。

一家は近くの夙川《しゅくがわ》の土手の松林に囲まれた公園によく散歩に行った。「なち」という白い大きな紀州犬も一緒だった。ねえや（女中さん）も二人いた。そのうち一人はほぼ少年の担当だった。海岸も近かったのでよく行った。甲子園球場は三キロほどの所にあった。

クローズアップ

日本とアメリカは友好的だった　その1

青い目の人形

「青い目をしたお人形は、アメリカ生まれのセルロイド、日本の港に着いたとき……」野口雨情作詞、本居長世作曲のこの歌は、1921（大正10）年に発表されると、世代を超えて歌われるようになった。1923年の関東大震災で東京が壊滅的な打撃を受けると、アメリカではこの歌を街頭やラジオで流して義援金を募った。そして、1927（昭和1）年の「桃の節句」に間に合うように届けられたのが「青い目の人形」だ。実際には燃えやすいセルロイドではなくパルプでつくられた胴体に、アメリカ各地の子ど

アメリカから贈られた人形を両手に抱える渋沢栄一

もたちが手づくりしたきれいな洋服を着せられていた。それぞれ名前がつけられ、パスポートと1ドルの切符を持っていた。受け入れ団体の会長は日本経済の父、渋沢栄一だった。

続いて各州代表の48体と、ミスアメリカ、ミスワシントンの人形が日本に届けられ、各地で歓迎行事や展示会のあと、抽選で全国の幼稚園、小学校に配られた。日本からの返礼として、58体の市松人形がアメリカに送られた。日米関係が悪化してゆくなかでも礼儀は忘れられていなかった。

これは私が生まれる前の出来事だが、私が子どもの頃まで青い目の人形の歌はよく歌われていた。アメリカと戦争になるとは想像できなかった。

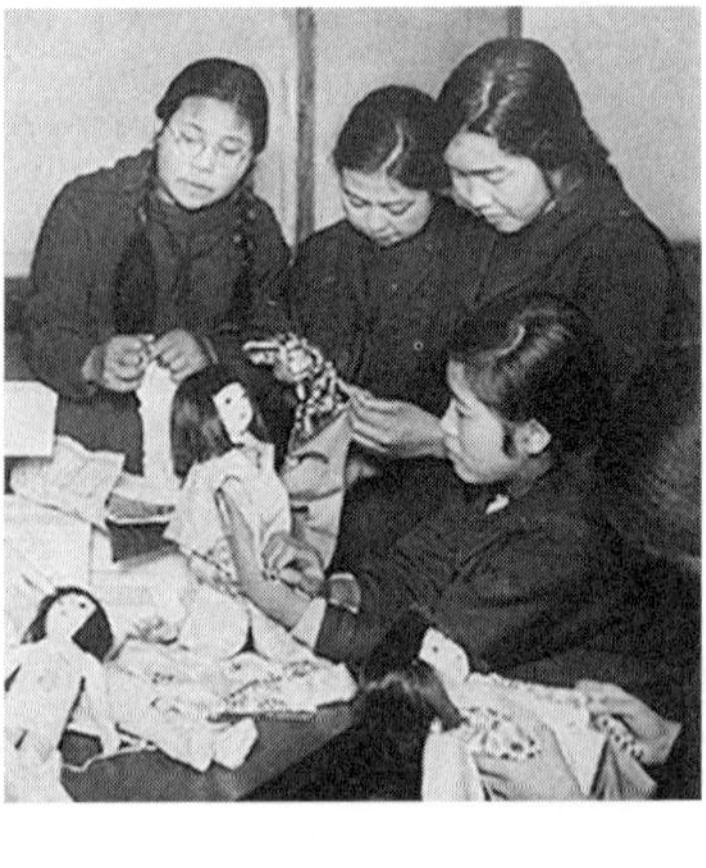
返礼として日本から市松人形が贈られた

クローズアップ

日本とアメリカは友好的だった　その2

日米野球

日本はアメリカに次ぐ野球王国である。

その成長エネルギーとなったのが明治時代に行われた日米野球、Major League Baseball Japan All-Star Seriesだった。両国の選抜チームが対戦する国際試合だ。

始まったのは１９０８（明治41）年。大リーグ選手６人を含む３Ａ選手を中心とした米選抜チームが来日。大隈重信が始球式をした早稲田大学との１戦など全11試合をしたが、アメリカが全勝して日本を圧倒した。

その後、数年おきにアメリカ・チームが来日した。

1934年（昭和9年）には、ベーブ・ルース、ルー・ゲーリックらがやってきて、これをきっかけに大日本東京野球倶楽部（後《のち》の読売ジャイアンツ）が結成されたが、このときも日本が16戦全敗した。

　太平洋戦争で途切れたあと、1949（昭和24）年、16年ぶりに再開。アメリカから3Aのサンフランシスコ・シールズが来日した。

　以来、ほぼ2年おきに続けられて日本が勝つ試合もでてきた。ニューヨーク・ヤンキースもやってきた。

　2006年になって、選手への負担が過ぎるとして、いったん中止されたが、2014年には野球日本代表（＝侍ジャパン）とMLB選抜による強化試合の形で復活している。

紀元二千六百年

「紀元は二千六百年、ああ一億の血は燃ゆる！」

少年が四歳のとき、「紀元二千六百年」が盛大に祝われた。その歌をよく歌ったものだ。意味も分からずに（一九四〇年は神武天皇即位二千六百年に当たるということだった）。

テレビはもちろん存在せず、放送はラジオだけだった。大相撲では「双葉山」を応援した。父親の出身地、大分県宇佐郡の出身で、抜群の強さを誇っていた。

そうした幸せな一家の柱、父親が一九四一（昭和一六）年一月、突然他界した。腎臓病と聞かされていたが、後で結核だったことを知った。まだ五一歳だった。当時、「男の人生五十年」と言われていたが、父親の死は一家のその後の人生に大きく影響した。

その年の八月、一家は遺骨をかかえて父親の実家である大分へ納骨に行った。大阪天保山桟橋から別府行関西汽船「にしき丸」に乗船したのだが、船室の丸窓から外を覗《のぞ》いてはいけないといわれる。神戸港で棚の荷物を取るふりをして外を見た長兄の目に、二、三〇隻もの軍艦が停泊していた風景が見えた。戦争は近いのだ……。

紀元 2600 年
を祝う人びと

紀元 2600 年を祝う花電
車。昭和 15 年 11 月 10
日、全国規模で華やかな
式典がおこなわれた

愛國行進曲

內閣情報部撰定

戦意を高めた歌

ラジオやレコードを通じて、ちまたには軍歌や国民を鼓舞する国民歌謡があふれていた。まだ学校に上がっていない少年も、そのほとんどを知っていた。「愛国行進曲」「愛馬進軍歌」「太平洋行進曲」「燃ゆる大空」「出征兵士を送る歌」「荒鷲の歌」「同期の桜」「父よ、あなたは強かった」「暁に祈る」「兵隊さんよ、ありがとう」「月月火水木金金」などなど。

子ども向けの歌、文部省唱歌も軍事色に覆われていた。「われは海の子」「お山の杉の子」「朝だ元気で」など。その中で、のちに、これこそ日本帝国主義そのものと言えるのが、一九四二（昭和一七）年ラジオ国民歌謡の「子を頌《おも》う」だった。

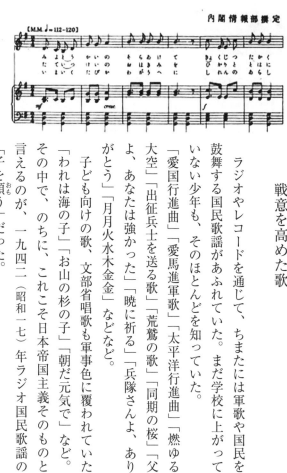

子を頌《おも》う

城左門作詞、深井史郎作曲

太郎よおまえはよい子ども
丈夫で大きく強くなれ
おまえが大きくなる頃は
日本も大きくなっている
おまえは私を超えて行け

そんな時代の空気の中で、少年がよく読んでいた本は「講談社の絵本」だった。これは、当時としては珍しいカラーの絵本だった。高価だったようだが、わが家には子どもが多かったので誰が読んでもいいということから両親が全部購入したらしい。少年はこれで知識を広げていった。

少年が愛読していた本は、ほかの子どもとずいぶんちがっていた。男らしい軍国調の

帝國、米英に宣戰を布告

英米の暴政を排し
東亞の本然を復す
政府、宣戰の使命聲明

下されました

詔書

ものではなく、「小公子」「小公女」「家なき少女」「家なき子」「十五少年漂流記」「怪人二十面相」、とくに女性向けものを好んでよく読んでいた。大人の女性向けの本も読んでいた。学校に行く前の子どもが大人の女性向けの本を？と不思議に思われるかもしれないが、当時はほとんどの漢字にルビが振ってあったし、何よりも上に大勢の兄たちがいたので、少年はかなり「おませ」だったのだ。

大本営発表

そして、ついに来た、その日が。「大本営発表」である。一九四一（昭和一六）年一二月八日朝、ラジオが大きく鳴り響いた。

真珠湾攻撃

荘重な「海ゆかば」のメロディに続いてピンポンパンのチャイムの音。

「臨時ニュースを申し上げます。臨時ニュースを申し上げます。大本営陸海軍部、一二月八日午前六時発表。帝国陸海軍は本八日未明、西太平洋においてアメリカ・イギリス軍と戦闘状態に入れり！」（今考えると、ハワイは西太平洋ではなく太平洋の真ん中であるが、なぜか「西」とされていた）

これが繰り返されたあとは「敵は幾万ありとても、すべて烏合《うごう》の衆なるぞ〜」など、勇気を鼓舞する曲が流された。少年は興奮した。国民すべてが興奮した。「ついにやった。鬼畜米英をやっつけろ！」と。

午後になって真珠湾攻撃の戦果が発表され、日本中が沸き立った。次々に伝えられる日本勝利のニュース、新聞は連日、大見出し、映画館では上映映画の前のニュース映画で格好いい日本軍の姿が伝えられ、拍手が沸き起こった。

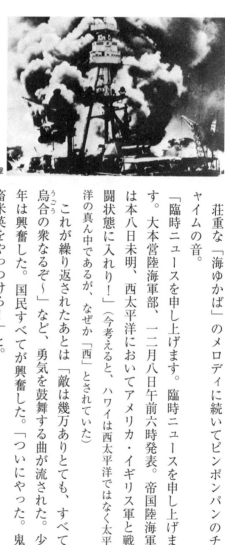

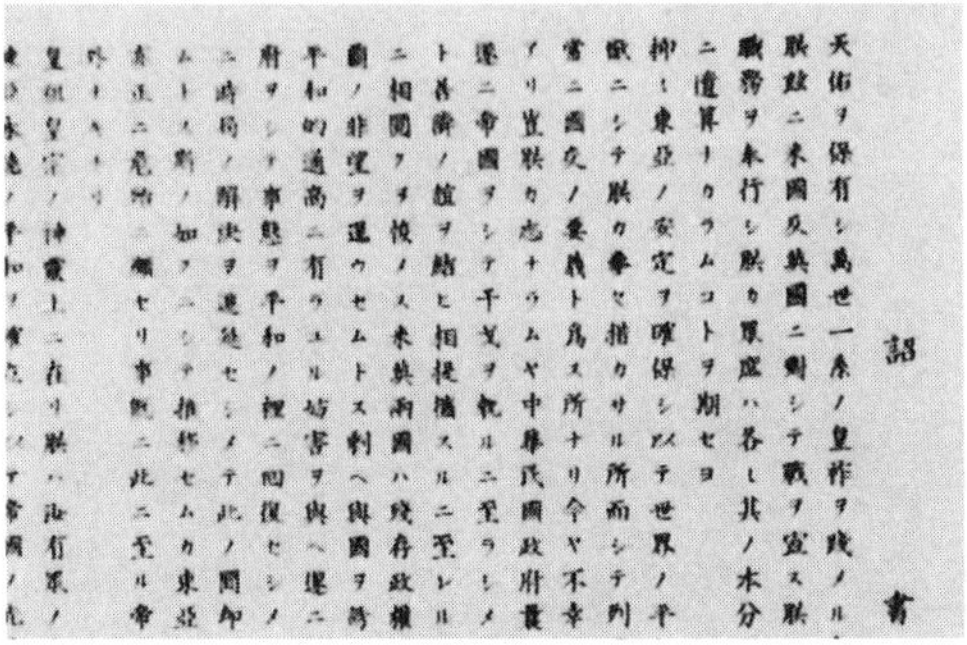
詔書
天佑ヲ保有シ萬世一系ノ皇祚ヲ踐メル
朕茲ニ米國及英國ニ對シテ戰ヲ宣ス朕
職務ヲ奉行シ朕カ衆庶ハ各〻其ノ本分
ニ遺算ナカラムコトヲ期セヨ
抑〻東亞ノ安定ヲ確保シ以テ世界ノ平
猷ニシテ朕カ拳〻措カサル所而シテ列
常ニ國交ノ要義ト爲ス所ナリ今ヤ不幸
アリ豈朕カ志ナラムヤ中華民國政府曩
ト善隣ノ誼ヲ結ヒ相提攜スルニ至レル
還ニ帝國ヲシテ干戈ヲ執ルニ至ラシメ
ニ相鬩クヲ悛メス米英兩國ハ殘存政權
覇ノ非望ヲ逞ウセムトス剰ヘ與國ヲ誘
平和的通商ニ有ラユル妨害ヲ與ヘ遂ニ
府ヲシテ事態ヲ平和ノ裡ニ囘復セシメ
ニ時局ノ解決ヲ遷延セシメテ此ノ間却
ムトス斯ノ如クニシテ推移セムカ東亞
亦正ニ危殆ニ瀕セリ事既ニ此ニ至ル帝
外ナキナリ
皇祖皇宗ノ神靈上ニ在リ朕ハ汝有衆ノ
東亞永遠ノ平和ヲ確立シ以テ帝國ノ光

開戦の詔勅

少年は兄たちのゲートル巻き、靴磨きに精を出した。ゲートルとは足首から膝にかけてズボンの上にぐるぐる巻きつける布。当時、陸軍の兵隊はみなこれを巻いていた。旧制中学校もそうだった。学校には配属将校というのが軍から派遣されてきて生徒たちに厳格な軍事教練をしていた。

このころ、夕方の子ども向けラジオを聞いていて、意外なことがあった。男の子が「私は女の子と遊びません」と宣言している。えっ！　女の子と遊んではいけないの？　なぜなの？　仲がいい従妹は六人姉妹だったし、ふだんの近所の遊び友だちは女の子ばかりだったのだ。理解できない世界があることを感じたのだった。

一九四二（昭和一七）年四月、少年は西宮市立建石《たていし》国民学校に入学。前年に小学校は国民学校に名前が変えられていた。歩いて五、六分の学校はまだ新しい鉄筋コンクリート三階建て。少年が大学に入るまで鉄筋の校舎はここだけだった。西

国民学校では軍隊式の教育が行われた

宮市は灘の日本酒メーカーがあるなど裕福な市だったのだ。
間もなく児童全員に白いゴムボールが配られた。日本がマレー半島など石油が出る東南アジアの国々を占領したからだった。
ラジオから流れる歌も勝利を反映したものが多くなった。加藤隼戦闘機隊、空の神兵、轟沈などだ。

軍隊式の国民学校

一年生の九月末、一家は突然、大阪市の南側に隣接する大阪府堺市に引っ越した。母親の弟が医師で、堺で外科医院を開業していたことから、夫を失った母親は相談相手を求めていたのだ。引っ越した先は、南海電鉄高野線堺東駅から坂を上がって一五分程度。現在の住居表示では、堺市堺区南三国ヶ丘町三丁目である。二番目の兄は尼崎方面にそこからでも

勇敢さをかき立てるため、騎馬戦などが積極的に行われた

通えた。すぐそばに旧制の大阪府立堺中学校（現三国ヶ丘高校）があり、少年のすぐ上の兄は、後にそこに入学することになる。

そのあたりが当時の住宅街のはずれで、それから東は畑地帯だった。近くには反正《はんぜい》天皇陵があった。そしてその先には巨大な仁徳《にんとく》天皇陵があった。

少年の一家がここに引っ越してまもなく、畑地帯で交わる南海高野線とその下を切通しで直角にくぐる省線（後に国鉄、いまのＪＲ）阪和線の交《まじ》わるところに、新駅の「三国ヶ丘」ができたのが記憶に残っている。

少年は転校先の堺市立熊野《ゆや》国民学校に行って驚いた。前の学校の自由な雰囲気とは違って、軍事教育が盛んに行われていたのだった。小学校なのに……。

校舎は木造二階建て。校庭の奥に二つの小さな建物があった。ひとつは、当時どこの学校にもあった奉安殿《ほうあんでん》、ここには天皇・皇后の写真が安置されている。もうひとつの建物が「玉座《ぎょくざ》」。これはこの学校にしかない。明治天皇がこの学校を訪れたときに座った場所だという。堺でも一番歴史のある学校だった。だから校長は張り切っていた。

朝、登校のときはまさに軍隊調。ばらばらに学校に近づいてきた児童たちは校門に近づくと隊列を組み、ひだり・みぎ、ひだり、みぎと、歩調をそろえながら大きな声で歌を歌う。少年がまだ知らなかったその歌は、「大東亜決戦の歌」だった。「立つや、たちまち撃滅の　勝どき上がる太平洋　東亜侵略百年の　野望をここにくつがえす、いま決戦のとき来たる」。そして校門入り口右側に腕章をつけて立つ六年生の「週番」に向かって「かしら右」、さらに校庭に進んで「玉座に最敬礼」「奉安殿に敬礼」「解散」となる。

学校は大阪府から音感教育のモデル校に指定されていたようだ。だから音楽の時間も変わっていた。先生がオルガンで「ブー」と低い音を鳴らすと「B29」と答える。少し甲高い音を鳴らすと「P51」と答える。

「トンツー」や手旗信号も習わされた。「トンツー」というのはモールス符号（信号）のことで、右手で電気の鍵盤＝キーを叩いて、仮名《かな》の通信文を短符（トン）と長符（ツー）を組み合わせた暗号で相手に送る。

クローズアップ

教育勅語と歴代天皇

「教育勅語《きょういくちょくご》」とは、明治維新後、日本の教育方針として、明治天皇のことば＝勅語という形で発せられた。帝国憲法の発布直後、第一回帝国議会開会直前の一八九〇（明治二三）年一〇月三〇日のことである。

国民道徳の基本、教育の根本理念として、子どもらに忠君愛国、親孝行を教え、天皇制を支える柱となった。時の政府は、自由民権運動が再び起きないようにと、これを全国の学校に配布し、学校の儀式でこれを謹んで朗読（拝読と呼んだ）させた。

「朕惟フニ我カ皇祖皇宗国ヲ肇ムルコト宏遠ニ徳ヲ樹ツルコト深厚ナリ我カ臣民克ク忠ニ克ク孝ニ億兆心ヲ一ニシテ……」

小学校低学年から意味の分からないまま、暗唱させられた。戦後の一九四八（昭和二三）年六月一九日、国会で廃止が決議された。

これと並んでやはり低学年から暗記暗唱させられたのが、初代から一二四代にいたる歴代天皇の名前だった。「ジンム・スイゼイ・アンネイ・イトク・コウショウ……」と。

歴史学者でもない小学生に暗記させる意味はなかったが、これも天皇制を支える教育のひとつだった。

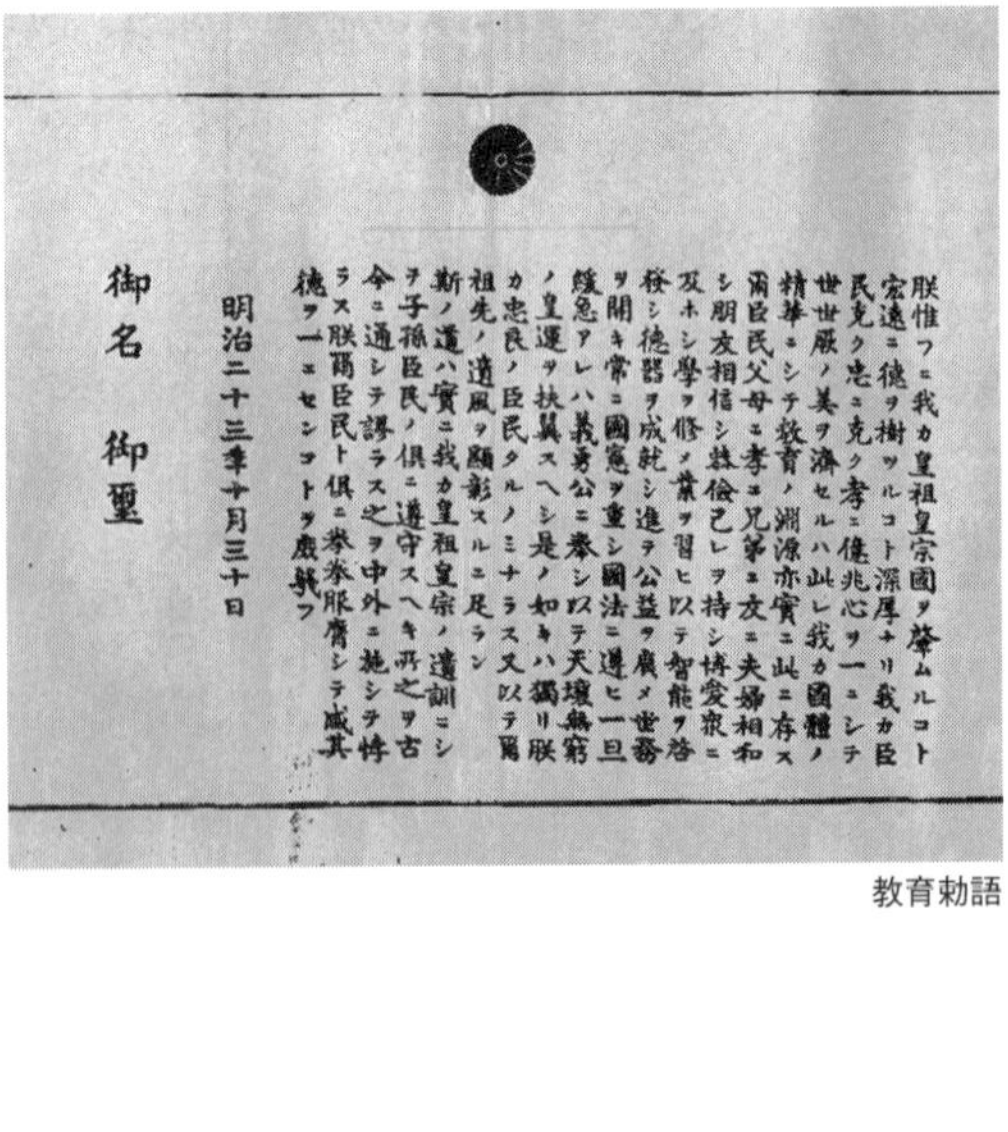
朕惟フニ我カ皇祖皇宗國ヲ肇ムルコト
宏遠ニ徳ヲ樹ツルコト深厚ナリ我カ臣
民克ク忠ニ克ク孝ニ億兆心ヲ一ニシテ
世世厥ノ美ヲ濟セルハ此レ我カ國體ノ
精華ニシテ教育ノ淵源亦實ニ此ニ存ス
爾臣民父母ニ孝ニ兄弟ニ友ニ夫婦相和
シ朋友相信シ恭儉己レヲ持シ博愛衆ニ
及ホシ學ヲ修メ業ヲ習ヒ以テ智能ヲ啓
發シ徳器ヲ成就シ進テ公益ヲ廣メ世務
ヲ開キ常ニ國憲ヲ重シ國法ニ遵ヒ一旦
緩急アレハ義勇公ニ奉シ以テ天壤無窮
ノ皇運ヲ扶翼スヘシ是ノ如キハ獨リ朕
カ忠良ノ臣民タルノミナラス又以テ爾
祖先ノ遺風ヲ顯彰スルニ足ラン
斯ノ道ハ實ニ我カ皇祖皇宗ノ遺訓ニシ
テ子孫臣民ノ倶ニ遵守スヘキ所之ヲ古
今ニ通シテ謬ラス之ヲ中外ニ施シテ悖
ラス朕爾臣民ト倶ニ拳拳服膺シテ咸其
徳ヲ一ニセンコトヲ庶幾フ

明治二十三年十月三十日

御名　御璽

教育勅語

クローズアップ

奉安殿と二宮金次郎像

　終戦までは、どこの国民学校（小学校）の校庭にも、小さいが威厳のある「奉安殿《ほうあんでん》」が立っていた。奉安殿には、天皇・皇后の「御真影《ごしんえい》（写真）」と教育勅語《きょういくちょくご》が収められていた。建物は１坪程度だが、火事でも燃えないようにと鉄筋コンクリートづくり、教員室に近い校庭の一角にあり、内部は桐やヒノキ張りという豪華なものだった。

　児童は登下校の際、この奉安殿に向かって最敬礼をさせられた。戦後、文部省通達で撤去解体された。

御真影と教育勅語が収められた奉安殿

その横に立っていることが多かったのが「二宮金次郎像」。背中に焚《た》き木《ぎ》を背負って歩きながら本を読んでいる。

二宮金次郎、本名は尊徳。幕末の相模・小田原藩の篤農家《とくのうか》。財政を立て直すなどで各藩から重用され、晩年、幕府に召し抱えられて日光奉行の下で働いた。

明治末期に国定教科書に修身の象徴として取り上げられてから、各小学校に銅像が建てられるようになった。戦時中の金属の供出で、かなり姿を消し、戦後は、歩きながら本を読むのは交通安全上、好ましくないとされて残っているものは少ない。

金属は飛行機や武器をつくるために使われたため、陶器でつくられるようになった

二宮金次郎像は全国の小学校にあった

右の絵は明治期に描かれたもの。焚き木を背負っていない

クローズアップ

英語は「敵性語」

米英との戦争になって、英語は「敵性語」として使用が大幅に制限された。よく知られているのが野球。ストライクは「よし1本」、「よし2本」、ボールは「だめ」、バッターアウトは「それまで」、セーフは「よし」、アウトは「ひけ」だった。

戦争前の40年9月には、駅の英語表記も廃止され、ENTRANCE、EXITなどが消えた。

会社などの名前も変えられた。出版社の欧文社は「旺文社」に、サンデー毎日は「週刊毎日」に、ブリッヂストンは「日本タイヤ」に、シンガポールは「昭南島」、ポリドールレコードは「大東亜蓄音機」、フェリス女学院は「横浜山手女学院」、東洋英和女学院は「東洋永和女学院」、アナウンサーは「放送員」、レコードは「音盤」、ヴァイオリンは「提琴」、トロンボーンが傑作だ。「抜き差し曲がり金《かね》真鍮《しんちゅう》喇叭《らっぱ》」だった。

芸名なども変えられた。ディック・ミネ→三根耕一、ミスワカナ→玉松ワカナ、ヴィクトル・スタルヒン→須田博。

しかし一般に普及していたことばは置き換えられなかった。たとえば、コーヒー、ウイスキー、エンジン、ベランダなど。

また軍幹部を養成する陸軍士官学校や海軍兵学校でも、英語は国際言語であるとして、教育が続けられた。高等女学校（いまの女子高校）では、1942年8月から英語をそれまでの必修から随意科目にしたが、これはむしろ例外的だった。

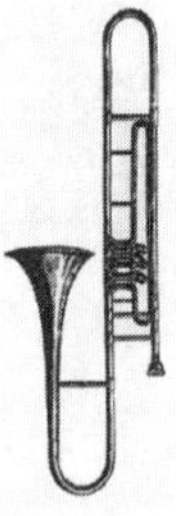

抜き差し曲がり金真鍮喇叭

提琴

「い・ろ・は」は、それぞれ「伊藤」「路上走行」「ハーモニカ」と覚えた。「い」は、「イ・トー」つまり「トン・ツー」と打ち、「ろ」は、「ロ・ジョー・ソー・コー（トン・ツー・ツー・ツー）」、ハーモニカは「ハー・モ・ニ・カ（ツー・トン・トン・トン）」というわけだ。これを組み合わせて文章をつくるのでとても面倒くさい。

英語では「S」は「トン・トン・トン」、「O」は「ツー・ツー・ツー」になり、生命の非常事態を知らせる「S・O・S（Save Our Lives）」は「トン・トン・トン・ツー・ツー・ツー・トン・トン・トン」となって、これは有名だった。このモールス信号は一九九九年に全世界的に廃止された。

手旗信号は二本の小旗、すなわち右手に赤旗、左手には白旗を持ち、一四種類の基本動作を組み合わせてカタカナの裏文字を両手で描いて、遠くから双眼鏡で見ている相手に文章を送る。これはいまでも海上自衛隊や海上保安庁で使われている。少年は残念ながら忘れてしまったが……。

こうした教育を奨《すす》める校長は、おそらく上から評価されていたのだと思う。

少年が通った学校の校長はこの戦争に狂信的でもあり、演説を始めると熱が入った。全校児童が校庭に整列する朝礼でも、長々と軍国精神を説き、居並ぶ先生たちも困っていたのではと感じた。気分が悪くなって倒れる子どももいた。

校長の演説で少年が強く反発を感じたことがあった。「お腹が空いたら水を飲め。水ならいくらでもある」このことばに反発とやりきれなさを感じた。

そんな時代でも、この学校では昼の給食があった。白いご飯と味噌汁、何かおかずが一つついていた。そして給食を食べる前にクラス全員で手を合わせて大きな声で感謝のことばを唱えた。「皇国に生を受けたことを喜び、一汁一菜に皇恩を感謝し、真の実践の誠をささげましょう。いただきます」。いまでも関西弁アクセントで唱えたこのことばは忘れられない。大事な、そして貴重な食事をひっくりかえしてしまったこともあった。

しかし、この給食も長くは続かなかった。

戦時下の幸せ

引っ越しで、お気に入りだった「講談社の絵本」はどこかにしまわれてしまった。それで、少年は兄たちの書棚から読むものを探した。面白くて何度も繰り返して読んだのは、

のらくろの８ミリ映画と講談社の絵本

夏目漱石の「坊ちゃん」だった。

当時は文庫本でも振り仮名をしてあったので子どもでも楽に読めたのだ。「吾輩は猫である」は難しかった。少年の家には、ほかの家庭にはあまりないようなものがたくさんあった。

吹奏楽団の指揮をしていた長兄の趣味で、クラシック音楽のレコードがそろっていた。少年たちはそれを電蓄と大きなスピーカーで聴いていた。おかげで少年の頭にはクラシック音楽のメロディがいつの間にか浸み込んでいた。

もう一つの楽しみは八ミリ映写機だった。少年が好きだった「のらくろ」のアニメーション映画など、ふすまに映し出して一家で活動写真を楽しんだ。少年の母親には医者だった弟のほかにもう一人弟があった。その弟（少年にとっては叔父だ）も医者になるため医大に入ったのだが、中退してジャズトランペッターになっていたのだ。一九三九年にはエノケン・ディキシー・ランダースのリーダーとして日劇デビューもしている。日本のジャズトランペッターの草分けの一人で人気もあった後藤博である。

その叔父が大阪のキタで演奏会をするために、東京から少年の家に泊まりに来たことがあった。叔父が家でトランペットを吹くと、官憲が調べに来ないかと母親が心配した。翌日、確か北野劇場だったように思うが、少年は母親に連れられて演奏会に行った。演奏会は盛大だった。取り締まりもなかった。

おそらくあれが戦時中最後の演奏会になったのではなかったかと思う。

後藤博は、戦後も日本のジャズ界をリードし米軍キャンプでも演奏した。毎日夕方、NHKラジオの「バンドタイム」に「私の青空」をテーマミュージックに登場してデキシーランドジャズを演奏した。一九六一年、北海道稚内で亡くなった。

一家で大阪難波・南海電鉄ターミナルにある高島屋の食堂で食事をしたことがあった。出てきたのは、食用ガエル！　なんと、これが実においしかったのだ。堺の家の近くの畑地帯では、うるさくグオッグオッ！　と鳴いていたが、カエルがこんなにおいしいものとは思わなかった。でもカエルを食べたのはそれ一回だけだった。

少年の家のすぐそばには大阪府立堺中学校（旧制）があった。いまは府立三国ヶ丘高校

多くの児童は安全な地方へ移された

になっている。すぐ上の兄は国民学校を出ると、そこに入学した。鉄筋三階建ての立派な校舎の広い運動場では、グライダーの練習が行われていた。グライダーの先端につけた太いロープを数人がかりで引っ張り、頃合いを見て操縦者が操作すると、機体がふわっと数メートルの高さに浮き上がり校庭の隅に着陸していた。それを繰り返していた。

細い道を隔てた金網で囲んだ空き地では軍用犬の訓練が行われていた。便衣隊と呼ばれた分厚い中国服を着た人が、大きなシェパードに自分を襲わせ袖口に噛みつかせていた。

疎開と爆撃体験

三年生のいつごろだったか、はっきり覚えないが、少年は大阪府豊中市立服部《はっとり》国民学校に転校する。空襲を避けるために安全な地方に移る「疎開《そかい》」だ。学校ぐるみや学年ぐるみの学童疎開が一般的だが、親戚や知人の家に行く「縁故疎開」も許された。服部国民学校は、阪急宝塚線曽根駅で降りる住宅街にあった。母の従妹夫婦の家で、子どもがいない夫婦だった。

朝の新聞配達が少年の日課になった。三〇軒ほど朝刊を配った。報酬のない勤労奉仕だった。配達をする大人はとっくにいなくなっていた。クリスチャンだったその家の書棚に「山上の垂訓」という新約聖書があったのでこれを読んだ。小さな裏庭でレタスを栽培していた。少年はウサギを飼育した。近くの農村地帯に住む親せきの発明家のおじいさんの家で、お腹いっぱい卵焼きを食べさせてもらったのが忘れられない。

それから恐ろしい体験をした。一九四五（昭和二〇）年の春だった。近くの伊丹飛行場、現在の大阪空港への米軍の爆撃だ。この爆撃では、かなり大きな爆弾が使われたらしい。投下されるたびに大音響とともにあたりのすべてを壊しそうな地鳴りと揺れ、少年と叔母は家の外の避難小屋で抱き合った。震えて、「もうだめだ」と観念した。あとで地図を見ると、その家と滑走路の南端は一キロ程しかなかった。記録によると三月一九日に艦載機延べ一二〇機が伊丹飛行場に波状攻撃をかけたとある。爆弾の落ちる場所が少しずれていたら危ないところだった。この戦争で経験した最初の生命《いのち》の危機だった。

クローズアップ

東京大空襲

東京は太平洋戦争で合計106回も空襲を受けたが、1945年3月10日の夜間空襲は、10万人もの人が生命を落とし、下町一帯が焦土と化す本土空襲で最大の被害となった。この空襲では、それまでの昼間、高高度からの爆撃と異なって、夜間、超低空で1機ずつ侵入して焼夷弾《しょういだん》を目標に落とすという戦術が始められた。

マリアナ諸島の基地から飛来したB29の279機は、午前0時7分、1番機が第1目標の深川に、次いで第2目標が本所、第3目標が浅草、第4目標が日本橋と、初弾を投下し、燃え上がった火災を目標にし2時間半にわたって、合計38万発、1665トンの焼夷弾を落とした。

アメリカ側の記録では、大規模な火災で上空は乱気流が発生して機体は大きく揺れ、夜だというのに炎の明るさで腕時計を読むことができ、機内には人肉が焼ける匂いが充満したという。

この空襲で、下町の通りは火の川となり、大勢が焼死、窒息した。墨田川や荒川放水路は死体であふれた。当時の東京35区のうち、浅草、深川、本所、城東、向島の5区を中心に焼け野が原となり、市街地の3分の1以上が焼失した。死者は10万人を超え、そのうち1万人は朝鮮半島から来ていた人だったという。負傷者10万人、焼失家屋27万棟、家を失った人は100万人に達した。一方、墜落したB29は14機だった。

当時の小磯国昭首相は、「東京空襲を命じたルメイは、もっとも残酷なアメリカ人だ」と非難した。

空襲後の東京浅草

激化する空襲

この爆撃で、ここは危ないということになって、少年は堺の自宅に戻ってきた。転入したのは堺市立榎《えのき》国民学校だった。以前の熊野《ゆや》国民学校は街の中にあって危険、榎は街外れで、しかも近い。でもここの教室で勉強した記憶はない。このころはどこも休校状態だったのではないかと思う。そういえば西宮の建石国民学校は学童疎開をしたと聞く。

五月になり、東京の中央線沿線で空襲を体験した東京歯科医専（現東京歯科大学）の長兄が列車を乗り継いでちょっとの間帰ってきて、一緒に防空壕づくりを始めた。少年の家の中庭には大工さんに小さな防空壕を作ってもらっていたが、長兄はそんなのではだめだ、もっと本格的な壕をと言い、裏の物置を壊してそこに人が入れるほどの深い穴を掘った。

さらに、タンスを何台も持ち込んで天井を支えるようにし、トタン板を張って畳三畳程度の頑丈な防空壕を完成させた。家中の写真アルバムをここに収納したおかげで少年の幼いころのアルバムも焼けずにすんだ。写真はどんな宝物より大切だと、あとで思った。防空壕を完成させた長兄は安心して再び東京に向かった。

マッカーサー

ニミッツ

モンペ姿で竹槍の訓練

バケツによる消火訓練

ラジオの歌も時代に合わせて変化した。「隣組」「朝だ元気で」「歩くうた」「空の神兵」「加藤 隼《はやぶさ》 戦闘隊」「若鷲の歌（予科練の歌）」「ラバウル航空隊」「轟沈《ごうちん》」「そうだその意気（国民総意の歌）」「ああ紅《くれない》の血は燃ゆる（学徒動員の歌）」「比島決戦の歌」などなど。「比島決戦の歌」の最後のくだりは、「いざ来いニミッツ マッカーサー 出てくりゃあ地獄へ逆《さか》落とし」だった。ニミッツは米海軍、マッカーサーが米陸軍の司令官だった。こうした歌は有名な作詞家、作曲家の手によるものが多かった。

日本軍玉砕《ぎょくさい》の大本営発表のあとには、荘重な「海ゆかば」が流された。なぜか戦争末期には、明るい調子の「ラバウル小

1936年ごろの二日市家

唄」が流行った記憶がある。

戦局は日に日に悪化し、銃後（戦場へ行かないで国を守る一般の国民）の婦人たちは、モンペ姿で防火訓練のバケツリレーや敵の本土上陸に備えての竹槍訓練などに駆り出された。

日本は一度も戦争に負けたことがない。日本は神の国、「神州不滅」だ。いまに神風が吹く。そんな神頼みの話が各地の時局講演会で語られた。

一家の胃袋を満たすため、母はお召しなどの着物を農家に持っていって、サツマイモやカボチャなどを分けてもらっていた。配給だけではとても足りなかった。コメを手に入れることはできなかった。コメは大人一人一日二合一勺《しゃく》でなんとか配給があった。

考えてみれば、戦局が厳しくなっても、日本国内は秩序だけはなんとか保たれていたのだ。

クローズアップ

B29《びーにじゅうく》

B29は、1942年に米ボーイング社が開発したプロペラ4発の当時最大の戦略爆撃機で、主に日本本土への空襲に使われ、全部で3970機が製造された。

全長30メートル、翼の長さ43メートル、最大で爆弾6・3トンを積んで高度1万2000メートルまで上昇できた。速さも戦闘機並みだった。与圧装置や冷暖房を備え、11人の乗員はTシ

ャツ1枚で乗務、分厚い飛行服が常識だった日本軍を驚かせた。
　そして4発のエンジン操作のために専門の航空機関士が初めて乗員入り、このため2人のパイロットは操縦に専念できた。尾部に20ミリ機関砲、尾部と胴体上面前後部、下面前後部の合わせて5か所に12・7ミリ機銃があり、弾道計算をするための初期のコンピューターが装備されていた。また初期のレーダー高度計も備えていた。しかしエンジンが過熱して火災を起こし墜落に至ることも多かった。

「中部軍管区情報、中部軍管区情報、敵Ｂ29の編隊、潮岬《しおのみさき》付近を通過。大阪府、兵庫県、奈良県　警戒警報発令」。ラジオからこんなアナウンスが絶え間なく聞こえるようになり、そして間もなく空襲警報発令となった。けたたましいサイレンがあちこちから鳴り響いた。防空壕に避難しなければならない。

でも近くでない場合は、爆音のする空を見上げる。Ｂ29の編隊は高高度を静かに飛んでいる。太陽の光を浴びて銀色に輝いて見える。下の方にぼっぼっと煙の塊が、どこかで高射砲を撃っているようだが、Ｂ29までは届かない。日本の戦闘機はそこまで上昇できないようだった。無念だ。しかしたまに日本側の攻撃でＢ29が突然バラバラになり、長い翼をひらりひらりとくねらせながら落下していくこともあった。歓声と拍手が起こった。

遠く大阪の街を空襲するのがよく見えた。しかし昼間の大規模な空襲はなくなり、代わって夜間低空での空襲が一般的になった。潮岬からいったん南方海上に引き揚げるようにみせかけて、急に反転して大阪や神戸を襲うケースも出てきた。

運命の夜

大阪は合計三三回もの空襲を受けた。とくに一九四五（昭和二〇）年三月一〇日の東京大空襲のすぐあと、三月一三日夜から大規模なものだけでも八回の空襲を受けて一面焼け野が原になり一万人以上の市民が命を奪われた。そのうちの六回目、七月一〇日が少年と家族の運命の日、大阪南部と堺への大空襲だった。
『日本の空襲　六　近畿』（三省堂）によると、堺市には九日夜一〇時三八分、空襲警報が発令されたものの、B29の編隊は南の和歌山市を空襲して去っていった。堺の人たちが今夜は大丈夫だったと眠ってしまった一〇日午前一時三〇分ごろ、突然、空襲警報が発令された。数機のB29が大阪湾から堺市南西に侵入し東北方向に通過しながら焼夷弾の雨を降らせた。まず大浜、竜神、宿院など古くからの市街地一帯が猛炎に包まれた。その後、一時間半にわたって約一〇〇機が波状攻撃を加えてきた。市役所など公共施設を含めたほぼ全域が火の海となったが、南海電鉄高野線堺東駅を境に、それより東の地区はあまり被害がなかった。でも結局、少年の家も例外ではなかった。どうも最後尾のB29が堺中の校舎をねらって焼夷弾を落としていったらしい。それの巻き添えだった。不運である。

（次ページは、堺空襲の新聞社5社による共同特報）

朝日新聞　大阪新聞
産業経済新聞　毎日新聞
同盟通信社

共同特報

昭和二十年七月十日

大阪市北区中之島三丁目三番地
朝日新聞大阪本社
編輯発行人　矢野八洲夫
印刷人　吉見幸雄

B29二百七十分散来襲

堺、大阪南部、和歌山を焼爆

【中部軍管区司令部、大阪警備府発表】（七月十日十時）一、南方基地の敵B29約二百七十機は九日二十一時より十日二時の間五群にわかれ、熊野灘、紀伊半島、紀伊水道及び土佐湾附近より逐次分散侵入し、主力を以て和歌山市、堺市、各一部を以て大阪市南部及び高知市を主として焼夷弾攻撃を実施したる後紀伊半島より脱去せり、これがため和歌山市及び堺市に火災の発生を見たるも漸次鎮火しつゝあり

二、十日四時までに判明せる戦果　撃墜　七、撃破　三十五なるも尚更に増加の見込なり

壓伏せよ・小癪の終夜暴爆

九日夜深更より十日払暁まで前後六時間に亙り敵がB29五群の編隊をはなつて和歌山、堺、大阪南部、高知、徳島の諸都市に来襲、無差別焼爆撃を加へて来つた、今回の来襲は爆弾、焼夷弾の混用、機雷投下など各攻撃手段を綜合したこと、多数機により広範囲に絨緞爆撃を行つたことなどはすでに経験ずみであるが一、来襲時間が従来になく六時間の長きにわたり多分に神経戦的効果をねらつてゐること二、まづ少

戰災者の心得

罹災者は頑張つてゐる、政府も萬全の措置を講じてゐる、かねての覺悟と決意こそが、敵襲の燃え上らせた憎むべき火焰を壓伏し、消しとめながら闘ひに闘ひぬいてゐる、負けるものか！都市はじめ府内の戰災地は火災發生と同時に大活動をしてゐる、いま茲に不幸罹災せられた方々の便に「戰災者の心得」を列記する

罹災證明書を受けよ　罹災者は必ず罹災證明書の交付をうけ罹災證明書は避難先の市區町村役場、警察署、町會事務所などでも一定書式のものを交付することになつてをり、また各郊外驛鐵道主要驛にも吏員が臨時出張して證明書を發給する

臨時米五日分無料配給　戰災者の非常食糧配給は臨時收容所における炊出しはもとより府縣や大阪府下の縁故先へ避難したものは避難先の警察、駐在所、派出所へ罹災證明書を提出すれば直ちに罹災の日から五日分無料で應急米の配給がうけられる、この期間以後は町會、部落會長、隣組長に罹災證明書を提示して普通の手續をとつてから配給をうければよい、なほこの場合は移動證明書はなくてもよい、また日用品は所轄警察署長から「罹災者物資購入券」をもらひ順次配給をうける

衣料切符は二百五十點　衣料を燒失したものは轉入先の市區町村役場で二百五十點以内をうけられることなど、いづれも從來通り

治療は一箇月無料　戰災中の負傷者やお産をした人は最寄りの救護病院や救護所で診察の上、引つゞき一箇月間は無料で治療がうけられる、入院治療者は必ず市區町村役場と連絡が必要

戰災勤勞者は即時復歸　戰災にあつた勤勞者は必ず勤務先に連絡せよ、連絡がつかぬときは最寄りの勤勞動員署か勤勞相談所に相談して一日も早く戰列に復歸するやう動員學徒も必ず學校か工場へ

貯金はどうして拂戻されるか　（一）銀行預金通帳を銀行に持参すれば無制限に拂戻しをうけられる、通帳を燒失したときは罹災證明書により再發行の手續をなし新に通帳の交付をうける（二）郵便貯金拂戻金額は無制限で通帳を燒失あるひは紛失したとき、また印鑑のないときは罹災證明書を提示して一回につき二百圓を限度に拂戻しをうけられる、たゞし戰災者の避難先が他府縣の場合は拂戻しを認められない

戰災者には無賃輸送

戰災者は無賃で地方に疎開することが出來る、これには府縣廳、市區町村長、警察署長、町内會長または部落會長發行の罹災證明を呈示して驛に申込めばよい、同時に衣類、衣類附屬品、寢具、炊事用品などに限り八貫までの荷物一人一個、一世帶最高三個まで同樣無賃で託送出來る、罹災の日から十日以上經過した場合は地方轉出證明書があれば同樣に輸送して貰へる、また罹災證明書によつて比較的近距離なら落着先から自宅の燒跡整理にも無賃で往復出來る

救護隊續々出動す

十日早曉の堺方面空襲に對し大阪府では直ちに大隊長の指揮する警備隊六個小隊を派遣するとともに消防隊、警防團本部をはじめ大阪市内郡部各方面より相當人員を應援出動せしめ消火に挺身し明け方頃までに殆ど鎭火せしめ被害は最小限度にくひとめた、一方罹災者救護のため府直轄の救護隊が醫師、藥劑師、看護婦らをもつて編成する三隊が多量の藥劑を携へて急行負傷者に對し現場で手厚い救護を行ひ、敵國につかれた罹災者全員に對してはかねての手配に基づく乾パンその他の非常食糧の給與を行ひ、町からも大量の炊出しが配給されて救援に萬遺漏なき活動をつゞけてゐる

一八六〇人が焼け死ぬ

翌朝、堺中の方角から何かが爆発する大きな音が響いた。防衛隊として前夜から学校に詰めていた当時、堺中二年生の兄の話では、校内に不発弾が落ちていて、同級生がそれに触ったところ爆発、腹から腸が飛び出して即死したという。堺中の校舎は無事だった。鉄筋校舎には多くの住民が避難してきたという。

この空襲で堺市で焼け死んだ人は一八六〇人にのぼった。焼失家屋一万七〇〇〇戸、市役所や郵便局、電話局などの公共施設も焼失し、国民学校も一二校が灰になった。少年が以前、通っていた熊野《ゆや》国民学校も全焼。兄たちの話では校舎は全部焼け落ちていたが、なんと奉安殿と玉座はポツンと残っていたというではないか。あの校長が命懸けで守ったに違いない。少年は街の様子を見に行きたがったが、兄たちは行くなと言った。あまりの惨状は少年には強烈すぎるというのだった。

街の中の川は死体で埋まっていた。火の海を逃げまどっていた人たちが水を求めて集まってきたところを、さらに炎が襲いかかり、窒息したり衣服に火が燃え移って焼け死んだらしい。堺東駅付近の大きな防空壕も焼死体で埋まっていたという。

街の中の焼け跡にも遺体があちこちに転がっている。ちょっと見たところでは人かどうかもわからない。もちろん性別もわからない。古くからの商人の街だけあって、焼け跡に残っているのが鉄製の金庫だ。だがこれは熱いうちに扉を開けると中のものが燃え上がるという。何キロも先の大浜海岸が堺東あたりから見えるようになったというから、堺の街は南東部を除いてほとんど焼けてしまったのだ。

少年の家は街外れにあった。家から少し行くと畑地帯で、肥え貯めや小さな溜め池などがあった。そんな環境だったから火災による火の旋風なども起きず、普通の火事のように燃えただけだった。堺の街中で外科医をしていた母親の弟一家は神戸に引っ越していた。神戸も危険なため、家財や家族のほとんどを鳥取に疎開させていたが、その神戸の家も六月の別の空襲で焼けた。でも全員無事だったのがなによりだった。

少年の家も、そして隣りの家もすっかり灰になってしまった。向かい側の二軒も焼けた。斜め向かいの洋館が焼け落ちるのが、少年のいた防空壕からよく見えた。

少年の家では父親の死後、会社の人たちが贈ってくれた銅製の大事な父親の胸像が熱で溶け崩れていた。長兄が大事にしていたクラシック音楽のレコードは、重ねたままの形で灰になっていた。それでも防空壕は無事だった。アルバムに貼った写真も残っていた。長兄の先進体験のお蔭で、少年の家庭はすべてを失わずにすんだのだった。

警報が信じられなくなる

住む家を失った少年の一家は、数百メートル離れた知り合いの家の二階に間借りして暮らすことになった。空襲警報が出ると、家の焼け跡近くにある別の防空壕に避難した。空襲警報と警戒警報の境が次第にあいまいになり、空襲警報が出ていないのに、突然、B29や小型の艦載機が上空に姿を現すようになった。周辺の高射砲ももはや沈黙していた。日本の戦闘機は見られなくなっていた。

真夜中の避難の際、母親は朝食用にふかしたジャガイモを鍋ごと持ってくることもあった。星空を眺めながらのジャガイモは、ちょっとした遠足気分だった。少年は次第に警報が信じられなくなり、警報が解除されても「もう少しここにいる」と主張して空を見上げながら防空壕のそばに居続け、母親を困らせた。

そのころ堺中の近くの道路では、校舎を隊舎に使っている陸軍部隊が隊列を組んで行進する姿がよく見られた。大きな声で歌を歌っていた。日本にはまだ軍隊があるのだと市民に見せている一面があったのだと思うが、兵隊さんがなんだかかわいそうに思えた。

「ばんだの桜か襟の色、花は吉野に嵐吹く　大和男子《やまとおのこ》に生まれなば　散兵線の華と散れ」

この歌の「ばんだ」の意味が、長い間わからなかったが、「万朶」と書き、「垂れ下がった沢山の枝」という意味であることがわかった。このメロディは戦後「聞け万国の労働者、轟わたるメーデーの……」と、メーデーの歌に化けたと思っていたが、後になって、大正時代に軍歌の替え歌としてつくられたものだったと知った。

焼け出された翌月、一九四五（昭和二〇）年八月六日、上から二番目の兄に採用通知書が届いた。兄は一九歳、神戸の叔父の家から工業高専の造船科に通う学徒だった。お国のためになる技術者の卵だったから、技術者として軍に採用されるという、「赤紙」より名誉あるものだった。

通知書にはこう書かれていた。

「貴殿陸軍特別甲種幹部候補生（歩兵）ニ採用ス」

千人針《せんにんばり》*はもう作れなかったが、兄は、近所の人が寄せ書きしてくれた日の丸を、学生服の上にたすき掛けして、木のミカン箱の上に上がって近所の人たちにあいさつをした。そして、「万歳」の声に送られて出征していった。

特別甲種幹部候補生の行先は、福岡県久留米市の陸軍第一予備士官学校だった。

（次ページの写真は、兄に届いた工科技術者としての採用通知書）

＊千人針　武勇と無事を祈って一枚の布に、千人の女性が一人一つずつ赤糸で結び目をつくり出征兵士に贈ったもの。千人結

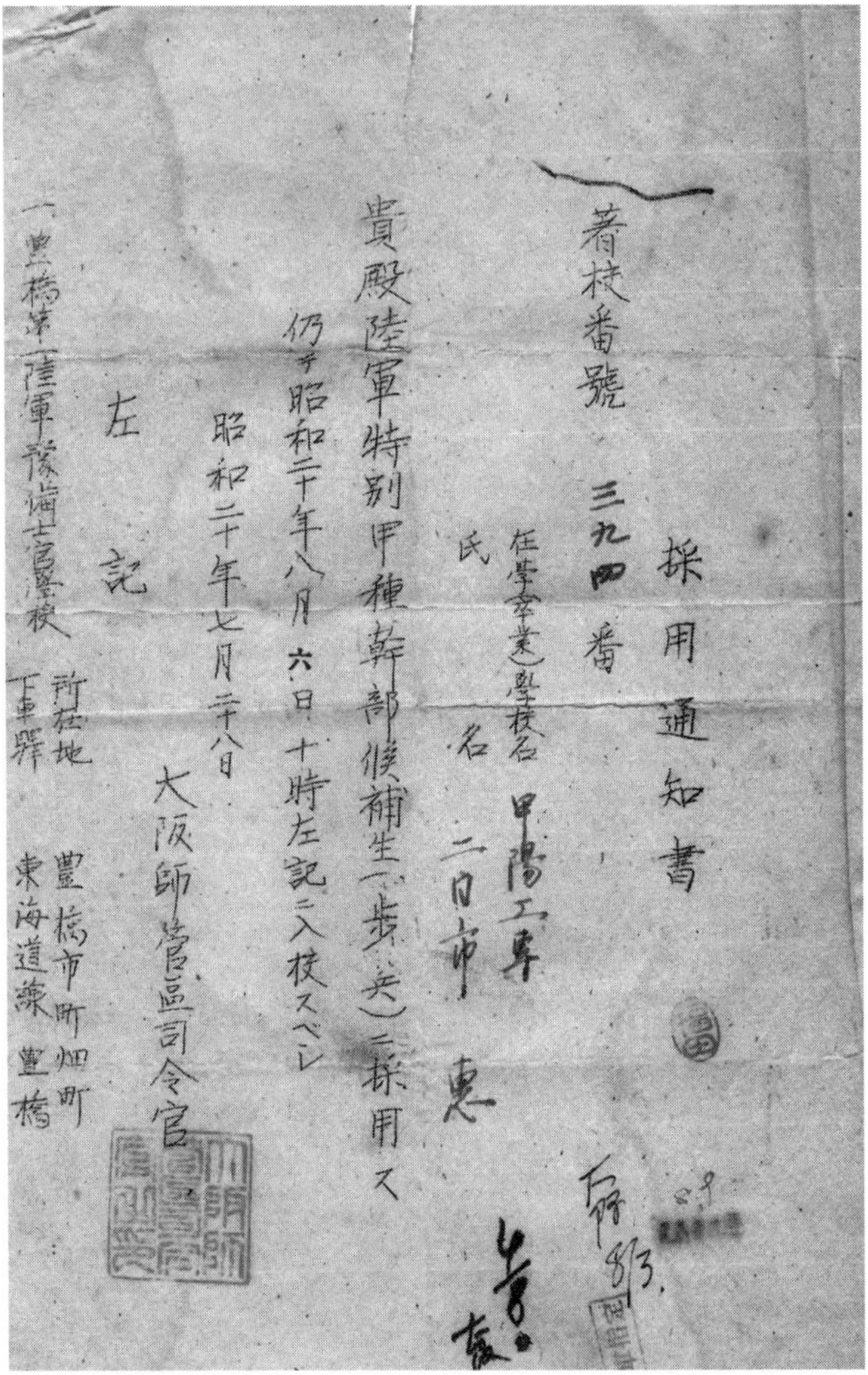
採用通知書

着校番號　三九四番

在學卒業）學校名　甲陽工專

氏　名　二日市　惠

貴殿陸軍特別甲種幹部候補生（歩兵）ニ採用ス

仍テ昭和二十年八月六日十時左記ニ入校スベシ

昭和二十年七月三十日

大阪師管區司令官

左　記

一　豊橋第一陸軍豫備士官學校

所在地　豊橋市町畑町

下車驛　東海道線豊橋

兄に届いた採用通知

F6F ヘルキャット

機銃掃射を雨戸で防ぐ

兄の出征の数日後、爆音と銃撃音が堺の街を覆った。紀伊半島沖にいるとみられる米空母から飛んできた艦載機の突然の空襲である。二階の窓から五、六機が見えた。旋回しては堺東駅方面へ向けて降下し銃撃を続けていた。胴体が太く短いグラマンだった。のちにF6Fヘルキャットと判明。操縦士の顔がはっきり見える。ゲームを楽しんでいる感じだった。母親が「窓を閉めなさい」というが、少年は「窓から顔を出したら撃たれる」と言いながら窓際まで這っていって、すきを見て外側の雨戸を閉めた。これで大丈夫だ。一面焼け野が原の街でも駅周辺には人がいた。これを狙っての機銃掃射だった。多数の犠牲者が出た。米兵にとって黄色人種を殺すことは遊びなんだと思った。思えば、これが三度目の生命の危険の瞬間だった。

広島に続いて長崎にも新型爆弾が落とされ、とても大きな被

町の中に置かれたラジオで玉音放送を聴く人びと

害が出たらしい。そしてなんとソ連軍が満州や樺太に攻め込んできたという。これからいったい、どうなるのか。

玉音放送で終戦

八月一五日、とても重要な放送があるから、国民全員、正午にラジオの前に集まるようにと隣組から連絡があった。少年も大勢の人に混じって隣の家でその放送を聴いた。初めて聞く天皇（昭和天皇）の声だった。これが玉音《ぎょくおん》放送だった。天皇は神様だったので一般人はその声を聞くことができなかったのだ。カン高い声と独特の抑揚、何と言っているのかわからない。少年だけでなくほかの人にもわからないようだった。

「耐えがたきを耐え、忍びがたきを忍び……」

この部分だけは聞こえた。何か国民に呼びかけている。放送が終わったあと誰かが言った。

「戦争が終わったらしい」

えっ！　驚いた。戦争はいつまでも続くと思っていた。本土上陸が近いと覚悟していたのだ。でも勝ったはずはない……負けたのか……。

その日の夕焼けの赤かったことは忘れない。あんなに真っ赤な夕焼けは後にも先にもなかった。空にはB29の姿がなかった。静かになった。本当に戦争が終わったのだ。今夜から安心して眠れるのだ。

危なかった兄

翌日の午後、出征していった上から二番目の兄が突然帰ってきた。母親の喜んだこと。少年は隣の空き地のポンプで水をくみ上げて兄の背中をタオルでごしごしこすったことをはっきり覚えている。

後年の兄の話によると、久留米の士官学校に入学したその日に、即日帰郷を命じられる。あまりにもやせすぎていたからだ。しかし理解しがたいことだが、その兄には、あの採用通知より早く、もう一つ別の赤紙が届いていた。山口県熊毛郡伊保庄村にある陸軍暁《あかつき》第六一七〇部隊への入隊である。当時は証明書がないと、鉄道の切符を買うことができないため、次兄は久留米から大分県の本籍地に立ち寄って証明書を出してもらった。それで切符を入手して柳井《やない》部隊に到着。ここでも即入院、そして一五日付で帰郷となった。

二番目の兄は運がよかった。久留米からそのまま大阪行きの列車に乗っていたら広島で原爆にあっていたかも知れなかった。また大分から柳井に向かう途中、小倉駅に停車したが、このとき上空に雲がなければ、B29は長崎でなく小倉に原爆を投下していたのだ。

原爆投下後の広島で水をガブ飲み

歯科医になるために東京の学校に行っていた長兄も列車を乗り継いで堺に帰ってきた。相談の末、一家をあげて大分の父親の実家に行くことになった。堺にはもう家がない。食べ物を手に入れることもむずかしかった。皮肉なことに以前住んでいた西宮の家は、戦災にも会わず無事だった。これは後でわかったことだった。

八月末、一家は荷物を背負って阪和線経由で大阪駅へ。大きな大阪駅は度重なる空襲で黒くすすけ、内部は暗く電灯もわずかに灯っているだけだった。ようやく九州方面に向か

爆撃から逃げる人びと

う臨時列車の切符を手に入れたが、臨時列車は全部が貨物列車。客車は戦災にあってほとんどなくなっていたのだ。

少年一家には小児まひの三番目の兄がいたが、そのとき感激することが起きた。駅員の一人がこの兄をおぶって階段を上がり長いホームに停車中の貨物列車まで連れていってくれたのだ。何度もお辞儀して感謝したが、お名前を聞きそびれた。いまここで御礼を申し上げたい。

母親とその兄は、屋根と引き戸がある有蓋《ゆうがい》貨車だったが、残りの兄弟は屋根がない無蓋《むがい》貨車だった。途中、姫路か岡山で乗客が減ったため、全員、母親のいる有蓋車に合流した。この貨物列車は五〇両以上の長大編成だったらしい。

翌朝、広島駅に到着。長時間停車した。「七五年間、草木も生えない」と報道された原子爆弾が落とされたというが、少年の目には広島の街は、ほかの焼け野が原の都市と同じように見えた……。

少年は兄たちとともにホームの端まで行って、水道の蛇口から水道水を思い切り飲んだ。後で考えると放射性物質が含まれていたと考えられるが、当時はそんな知識もなかった。これが少年にとってこの戦争で四回目の危機だったが、幸い、少年にも家族にも、その後、放射性物質の影響らしいものは出なかった。

家族全員が生きて残った

こうして少年一家は足掛け三日かけて亡くなった父親の実家に帰った。途中、日豊線豊前善光寺駅で夜を過ごした時に、大事なリュックサック一個を盗まれた。この中に入っていたものについて母親は長い間、悔しがった。

大分県宇佐郡東院内村二日市の家は大きな庄屋だった。江戸時代、中津藩の代官がやって来て裁判をするお白州の部屋もあった。その前の庭には白い小石が敷き詰められていた。庄屋の跡継ぎで東大農学部を卒業した従兄はフィリピンで戦死していた。そのほか、親戚では母親の妹の長男が予科練でのけがもとで死んでいた。

少年の一家は家を失ったが、家族全員が生きて残った。家族を失って独りぼっちになった戦災孤児が全国に一二万人もいたという。そうした運命にならなくてよかったと思う。

少年は、父親の母校だった小学校に通うことになった。四年生になっていた。校庭は全面、イモ畑になっていた。その秋初めにサツマイモの収穫をしてから、校庭はもとの運動場に戻された。その作業は先生と児童たちがした。排水のために斜め十文字に溝を掘ってそこに割った竹の束を埋め込み工事をした。これは効果があった。でも小石がいっぱい地面に出てきて、はだしで走る少年の足裏は痛かった。なぜ、はだしだったか？　当時、運動靴を持っている子どもはいなかった。長靴もなかった。雨の日は、濡れてもいいように、はだしで四キロの道をカラ傘をさして登校していたのだ。帰り道、晴れていると、さすがに、はだしで歩いているのは人目が気になって気まずかった。

学校内のくじで、運動靴が当たったことがあった。運動靴は貴重な品物だった。配給制になる前のくじ引きだった。運動靴を受け取るのにハンコがいるので、兄が勤める郵便局まで一キロほどの道を喜びながら草履で走ったことは忘れられない。

村は戦災者や外地からの引き揚げ者であふれた。母親はコメ四俵を買い入れて息子たちに思う存分食べさせた。でも父親が残した現金や国債は価値がなくなり、その後は田舎なのに十分な食べ物を手に入れられなくなる。

ジャーナリスト志望へ

教科書はほとんどの行が、先生の指示で墨で黒く塗りつぶされた。少年たちが使う教科書は年長者からのお下がりだった。

軍国主義が否定され、民主主義を学ぶようになった。戦時中は、先生が教室に入ってくるとき、級長が、「起立！」と、号令をかけ、全員が立ち上がって先生を迎えたのだったが、それは軍国主義的ということになって、先生が入ってきてもみんな知らない顔をして席に座っているようになったのだ。以前の厳しいルールがすべてなくなって学校全体が迷っていたようにも思える。

将校用長靴を履き、将校姿で授業を行う先生もいた。軍隊から復員しても、ほかに着る服がなかったのだろう。

このころ少年が知ったのが国会議事堂の存在だった。終戦の翌年、日本銀行が発行した戦後初めての紙幣、十円紙幣の左側の部分に国会議事堂の写真があった。少年は、日本にもこんなに立派な建物があったのかとびっくりした。石造りの立派な議事堂は着工から一七年間の歳月をかけて、少年が生まれた一九三六（昭和一一）年の一一月に完成していたのだったが、国会そのものがないがしろにされて、ずっと国民の前に大きく登場することはなかった。軍部独裁、議会は大政翼賛会だったから、国民に国会の存在を積極的に知らせないようにしていたのかと思う。

そのお札は、国会議事堂の右側に進駐軍のMPが監視しているような図柄になっているといわれたことや、インフレによって、一九五三（昭和二八）年に十円硬貨が発行されると消えてしまった。

正午のサイレンや野球の試合の前後に鳴り響くサイレン、少年は長い間、この音にアレルギーを感じていた。空襲警報を思い出すからだ。

戦後二年目、全国を回っている昭和天皇が大分県にもやってきた。日豊線柳ヶ浦駅前広場は三万人の郡民で埋め尽くされた。少年もその中で「万歳」を三唱。この時の思い出を書いた少年の作文は郡内の作文コンクールに入選した。

「軍国少年」は次第に「ジャーナリスト志望」に変わっていった。

家族のその後

少年の母親は、子どもたちを育て上げた後、八六歳で亡くなった。長男である長兄は横浜鶴見で歯科医院を開業して七六歳で死亡。三番目、小児まひの兄は、小学校を卒業しただけだったが、まったく独学で六か国語をマスターし、「後藤安彦」のペンネームで早川書房の「ハヤカワミステリ」シリーズを一〇〇冊以上翻訳した。そして同じ障がい者でミステリー作家の仁木悦子と結婚した。この二人は積極的に障がい者の権利ために運動した。だが七九歳で死亡。仁木悦子は、推理小説「猫は知っていた」で江戸川乱歩賞を受賞している。この戦争で兄を失ったことから、「妹たちのかがり火」「もうひとつの太平洋戦争」も執筆している。

二〇二二年のいまも健在なのが次兄と四番目の兄だ。次兄は大分の郵便局勤めから九州各地の郵便局長を歴任。四番目の兄は大分で印刷業、民商の指導者をしている。

そして少年は、戦争の混乱と父親がいないことからくる貧困のため、小学校を五回、中学校二回、高等学校三回と何回も転校を繰り返した。この何度も転校したことが、後の人生での、人への接し方、後に取材テクニックとなって活きることになった。大分でのコメ作り全過程の体験は、農業への親近感となっていまも残っている。

少年は、兄たちの助けと、アメリカ人テイトさんの奨学金で別府短大へ、続いて長兄の世話で上京して法政大学を卒業。念願のNHK記者となった。戦争を二度と繰り返してはいけないという思いを胸に秘めながら……。いまは記者を引退して北海道に住み、大自然の中で暮らしている。

「もと少年」には、戦中と戦後しばらくの間に食べ過ぎたせいで、その後「食べない宣言」をしていた食べ物が三つある。それはサツマイモとカボチャ、そして三つ目は大豆だった。当時はほかに食べるものがなかったのだ。

大豆はいつの間にか対象からはずれて今はふつうに食べている。

第二部　十二歳の国の太平洋戦争

1. 開戦まで

一九世紀、アジアのほとんどの国は欧米列強の植民地になっていた。

明治維新によってアジアで一番早く西欧型の近代化を遂げた日本は、富国強兵政策のもと、日清戦争で台湾を獲得、朝鮮を支配下に置くと、続く日露戦争の勝利で中国東北部の遼東半島の一角と南満州鉄道の利権、南樺太を手に入れ、さらに第一次世界大戦への参加で、中国山東省青島とドイツ領南洋諸島を手に入れた。

各国の勢力を表した1909年のイギリスの新聞
右上が日本

そして一九一〇年、朝鮮を日本に併合する。しかし折からの世界不況もあって国内には不満が渦巻いていた。

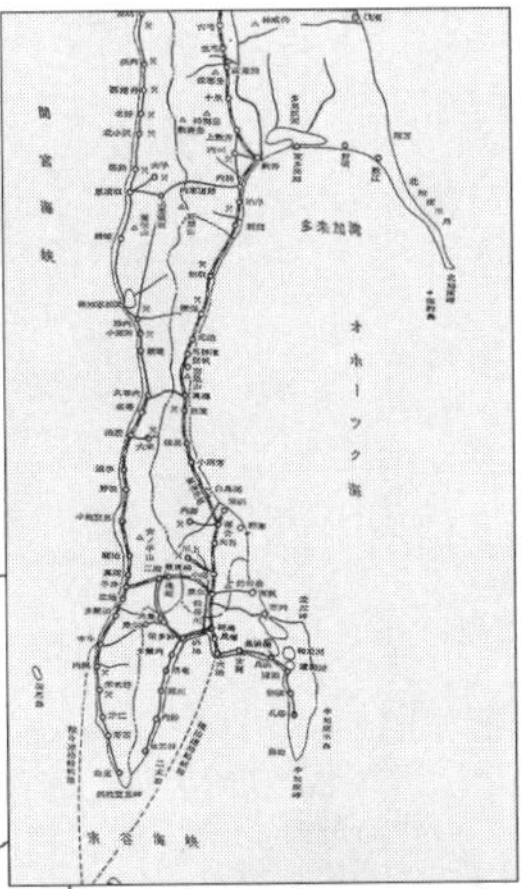

樺太には 40 万人の日本人が暮らしていた
右は日本地図上の南樺太

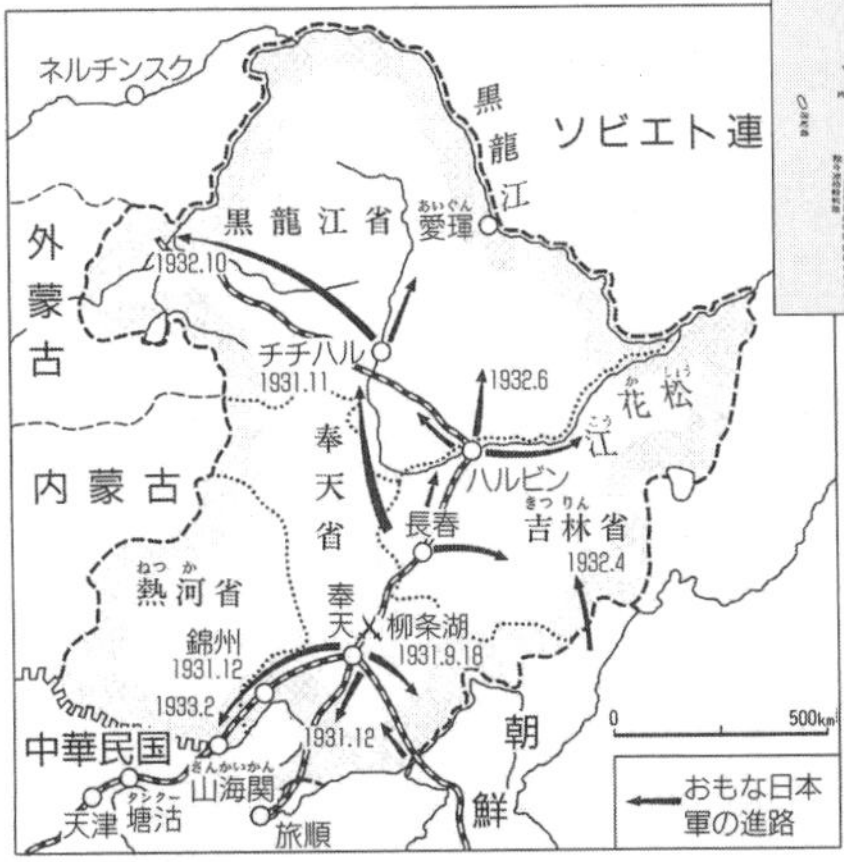

帝国陸軍関東軍は、中国東北部の都市を次々に占領、勢力を拡げた

中国東北部奉天の
関東軍司令部玄関

中国東北部新京の関東軍司令部

東京日日新聞
號外
帝都震駭の不穏事件
犬養首相遂に逝去
けふ内閣総辭職
取敢へず藏相を臨時首相に
深夜親任式行は
六ケ所を同時に襲撃
疾風迅雷的なその計
首相狙撃の刹那
「撃てッ」の號令一

五・一五事件を
報じる新聞

言論の自由のない社会

そうしたなか、遼東半島と南満州鉄道を守るはずの日本陸軍の関東軍は、柳条湖事件を引き起こし、政府の承認なしに軍を動かして満州事変に発展させ、ついには関東軍の主導のもと、独立した国家として中国東北部に「満州国」を建国する（これ以来日本と中国との戦争が続き、日中十五年戦争となる）。

この満州国は、国際連盟によって設置された調査委員会であるリットン調査団によって独立国とは認められなかった。日本はこれを不服として国際連盟を脱退し孤立を深めていった。

国内では国家社会主義者を名乗る右翼や軍部が、政府の外交姿勢は軟弱だとして非難、襲撃事件を繰り返し、東京駅で原敬首相、浜口雄幸首相が相次いで狙撃され命を失った。

また、海軍将校を主体とした五・一五事件では、犬養毅首相

大阪朝日新聞

帝都に青年将校の襲撃事件

齋藤内府、渡邊教育總監
岡田首相ら即死す
高橋藏相、鈴木侍従長負傷
非常警備の處置をとる

第一師團管下に
戰時警備下令さる

後藤内務大臣
總理大臣臨時代理に

秩父宮殿下御歸京

二・二六事件を
報じる新聞

が暗殺された。政党による政治は終えんを迎え、軍の影響力が強まっていった。二・二六事件では陸軍の一部が反乱部隊となって首相官邸、帝国議事堂、参謀本部、警視庁などを占拠し閣僚を殺害した。

こうして政治家、財界人、言論機関が生命の危険にさらされて自由な発言ができない社会となり、軍部を増長させ天皇の権威を高める結果となった。「憲政の神さま」と言われた政治家、尾崎行雄は、「わが国には内閣の上に軍部と称する役所がある」となげいた。

さらに陸軍は、一九三七年、北京郊外で盧溝橋事件を起こし、政府による宣戦布告がないまま八年間の日中全面戦争へと突入する。日本軍は北京、上海、そして当時首都であった南京を占領。続いて武漢、広東、海南島までを占領する。中国は蒋介石の国民

関東軍がモンゴル軍と衝突

党軍と毛沢東の共産党軍が手を組んで（国共合作）抵抗、数十万の日本陸軍が中国国内に張り付け状態となる。国内では国家総動員法が制定され、国を挙げての本格的な戦争準備が進んでいた。

一九三九年にはノモンハン事件が起きる。大日本帝国陸軍の関東軍とモンゴル軍の衝突がソ連軍との戦争に発展。関東軍はソ連の機械化師団に包囲され、壊滅的な打撃をこうむる。四か月後に停戦となるが、軍部はこの敗北を隠した。情報を軽視して楽観的な見通しをたて、物量よりも精神を重視する陸軍の体質は、次の太平洋戦争でも繰り返された。そしてノモンハンでの敗北の結果、日本はシベリヤ方面に勢力を拡大するよりは、南進政策をとったほうが有利だと判断する。

クローズアップ

ノモンハン事件

1939年5月11日、当時の満州国西部、モンゴルとの国境で起きた。あいまいだった国境線をめぐって、関東軍とソ連・モンゴル軍の小部隊が衝突。関東軍作戦参謀の辻政信らは東京の参謀本部の制止を振り切って戦闘を拡大。ひそかに大機械化部隊を集結させていたジューコフ率いるソ連軍は、8月20日、総攻撃に出て、日本軍を包囲した。両軍の戦死者1万6000人。ソ連側もかなりの損害を受けたという記録があるようだ。この戦いで、日本はソ連の強さを改めて認識した。ノモンハン事件現場の砂漠には、当時、ソ連が大量の物資を保管していた「くぼみ」が、いまも数千か所残っている。この作戦は、ソ連が日本にシベリヤへの侵入をあきらめさせ、日本に南進政策をとらせるものだったと、後の歴史家は分析している。

ドイツ、イタリアと日独伊三国同盟を結んだ

ムッソリーニとヒトラー

ヨーロッパではナチス・ドイツが周辺国への侵略を始めて第二次世界大戦が勃発《ぼっぱつ》。日本はヒトラーのドイツ、ムッソリーニのイタリアと日独伊三国同盟を結ぶ。一九四〇（昭和一五）年には、東京で第一二回夏期オリンピック、二月には第五回冬期オリンピックを札幌で開くことになっていた。しかし日本は開催権を返上する。初めて欧米以外の国でオリンピックが開かれる予定だったが、「そんな余裕はない」と軍部が反対したのだ。

メディアは戦争協力者だった

見通しのない大規模な戦争へと発展させた責任は、軍部だけにあるのではない。メディアは国民を戦争へと駆り立てた。メディアは軍部に抑圧された被害者としての側面が強調されてきたが、実際は、積極的に協力していた。共犯関係と言える。

満州事変以後、日本の新聞の発行部数は飛躍的に伸びた。戦争になると新聞が売れる。それは親兄弟や親戚、知り合いが軍隊に召集されて前線に行っているため、そこでのようすを知りたい。また満州や北支などの前線の状況は、社会最大の関心事になっていた。人々は競って新聞を買って読む。戦況を伝える号外が一日に六回も発行された日もあったという。一九三一（昭和六）年の朝日・毎日・読売の大手三紙の発行部数は合わせて四〇〇万部だった。それが、太平洋戦争開戦の一九四一（昭和一六）年には、三紙で八〇〇万部を超えるようになった。

一九二八年の張作霖爆殺事件のとき、メディアは「軍の陰謀だ」と伝え、軍を批判したが、一九三一年の柳条湖事件は、現地にいる日本の関東軍が南満州鉄道を爆破した謀略だったことをメディア関係者は知っていたのに、そのことを戦後に至るまで国民に伝えなかった。伝えないことが「日本の国益」だと、メディア関係者が考えたからだった。言論の自由のもと、真実を伝えるという報道機関の使命を放棄したのだった。そうした行為は果たして国益を守ったのかどうか、今になって問われている。

新聞各社は次第に競争して軍に迎合していった。「満州国は本当の独立国ではなく日本の傀儡《かいらい》（あやつり人形）だ」というリットン調査団の報告書が出ると、全国一三二の新聞社は、こうした報告書は受け入れられないという共同宣言まで出した。

また多くの死者、行方不明者を出した、大正一二年の関東大震災のあと、日本放送協会（現ＮＨＫ）がラジオ放送を開始した大正一四年（一九二五年）には、五五〇〇件だった受信契約者数が、めざましい普及を遂げて満州事変の翌年には一〇〇万件を超え、太平洋戦争開始時には五〇〇万件を超えていた（これは大手新聞一社の契約者数より多かった）。

リットン調査団は満州国を認めなかった

日清・日露の勝利で、日本は無敵だ、神の国だと信じられ、身の丈に合わない軍拡は国民に支持された。メディアがあおり、国際連盟脱退の世論を作るなど、軍、政府、メディア、国民が互いに作用しあう異常な状況が生まれ、太平洋戦争の開戦は国民に熱狂的に支持された。

当時、ＧＤＰが、日本の一〇倍から二〇倍もあったアメリカと戦争して、果たして勝てるのかどうかという冷静な議論はまったく起きなかった。

終戦直後、メディアは、ほとんどの経営者がそのまま居座ったこともあって、ずるくもそれを軍に抑圧されていたせいだと苦しい弁解をしたのだった。

クローズアップ

関東軍《かんとうぐん》と満州国《まんしゅうこく》

関東軍は、政府の命令を聞かずに、勝手に軍を動かし、ついに満州国を建国した。

関東軍といっても、日本の関東地方とは関係がない。中国の万里の長城の東の端にある山海関、ここから東を関東と呼んでいた。日露戦争によって日本の租借地になっていた遼東半島の大連と旅順が関東州、そこに駐屯し、日本が権益を持っている南満州鉄道を守っていたのが日本陸軍の関東軍だった。

1931年9月18日夜、奉天《ほうてん》（現在の瀋陽）郊外の柳条湖で、関東軍は南満州鉄道を故意に爆破、張学良《ちょうがくりょう》軍の犯行だとして軍事行動を始め、満州を制圧。ときの若槻内閣は戦線不拡大を指示するが、関東軍を動かす板垣征四郎や石原《いしわら》莞爾《かんじ》らは、これを無視して広大な満州を支配下に置く。

彼らは、清朝最後の皇帝だった愛新覚羅溥儀《あいしんかくらふぎ》を執政（2年後に皇帝となる）として、1932年3月1日、満州国を建国する。智謀と言われた石原は、この国を、日本人、中国人、朝鮮人、満州人、蒙古人の五族協和の王道楽土とうたったが、リットン調査団によって独立国家ではないと否定され、これがやがては太平洋戦争につながっていった。

1939年5月から9月にかけては、モンゴル東部の大草原で、日ソ両軍が激突するノモンハン事件が起こり、関東軍はソ連軍の強さを知る。

関東軍は、天皇の裁可を待たずに越境爆撃をしていた。

1934年3月1日、愛新覚羅溥儀は満州国皇帝となった

クローズアップ

満蒙《まんもう》開拓団

満州と内モンゴルを手中に収めた関東軍は、日本の農村からの満州への移民を政府に提案した。

日本の農村は昭和恐慌で疲弊していた。反対の声もあったが、軍部が実権を握る政府はまず試験的な移民を始める。年間3000人程度を5年間続けたあと、1937年から41年にかけては、政府が府県に強制的に数を割り当て、長野などから「開拓団」としての集団移民が進められ、合計32万人にのぼった。

太平洋戦争が始まると、開拓団の男性も軍隊に召集された。

1945年8月9日、ソ連軍が満州に攻め込んでくると開拓民たちは関東軍の助けを期待したが、精鋭部隊を南方に送っていた関東軍はソ連の攻撃に敗走するばかりだった。

移民のうち取り残された8万人が日本への帰国の途中で死亡。残留孤児と残留婦人1万人が出た。日本に帰りついても耕す土地はなく時代に翻弄《ほんろう》された。

日本からの移民は満州族にならって土地を利用した

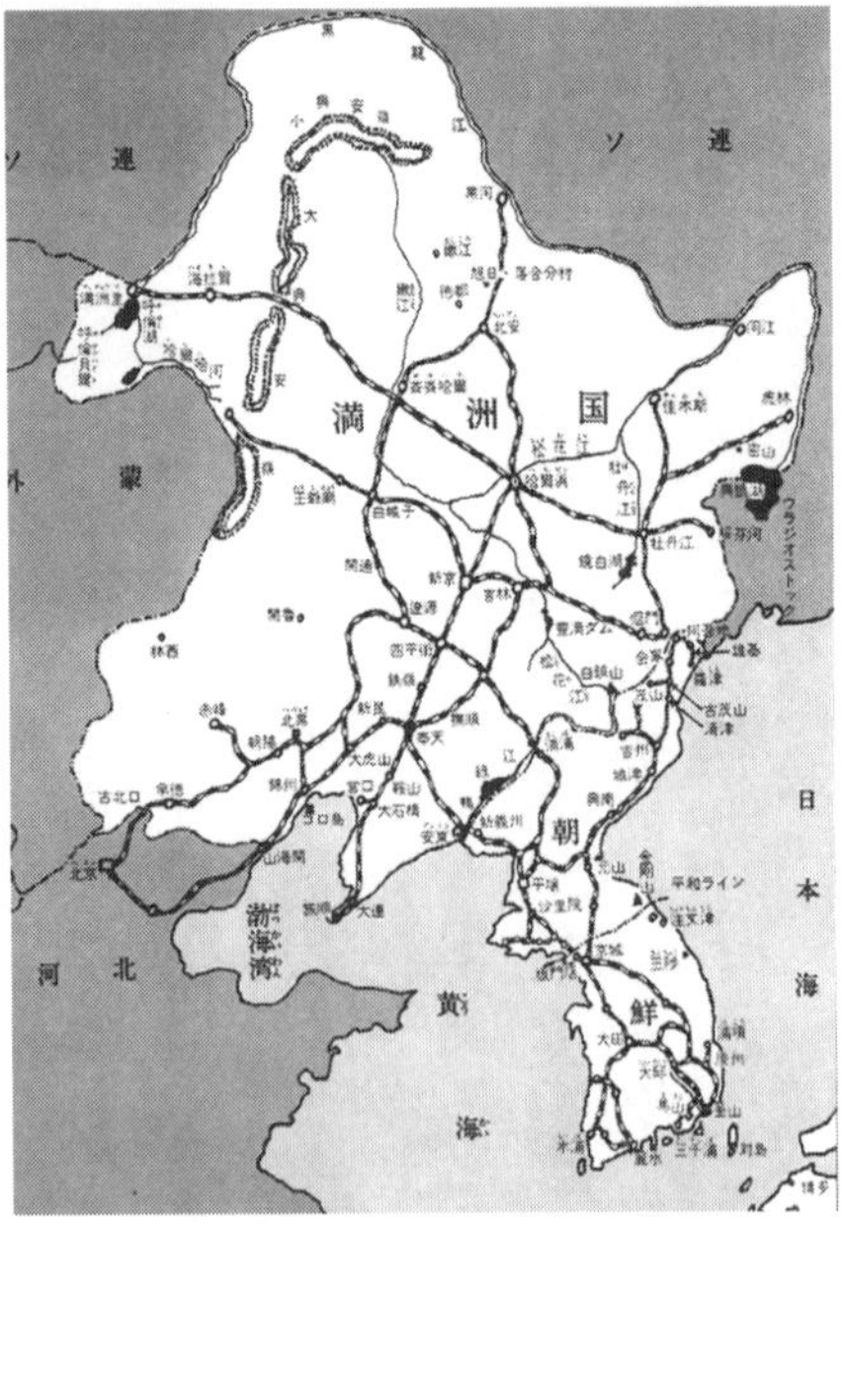

しかし、すべての言論人がこうした風潮におとなしく従っていたわけではない。

昭和七年に起きた五・一五事件は、時の政権によって、一年間報道が禁じられたが、福岡日々新聞の菊竹六鼓《きくたけろっこ》は、事件直後に「あえて国民の覚悟を促す」という社説を書いて軍を批判した。また信濃毎日新聞主筆の桐生悠々《きりゅうゆうゆう》は、昭和八年八月に行われた防空演習について、「関東防空大演習をわらう」という論説を書いた。内容は、「本来、敵機は帝都東京に近づいてくる前に撃ち落とさなければならない。もし敵機が帝都に飛来して爆弾を落とせば、木造家屋が密集している帝都はひとたまりもない。帝都上空で敵機を迎え撃つような事態になれば、それはわが軍の敗北である」として、防空演習を痛烈に批判した。桐生は、これで社を追われたが、この論説は太平洋戦争での東京空襲を予想したかのような文章だった。桐生のような、勇気ある正論を主張する人も、ごくわずかにいたが、そうした行為は「非国民」と呼ばれて世間の非難を浴びる、命懸けの行為だった。

欧米の植民地だったアジアの国々

太平洋戦争の前、アジア諸国は欧米の植民地にされていた。なかでも、多くの国を植民地にしていたイギリスは、一八世紀からインド大陸に進出してインド全域を植民地にするとともに、隣のビルマ（現ミャンマー）、マレー半島（現マレーシア）、シンガポール、ボルネオ（現マレーシアのカリマンタン）という広い範囲を勢力圏に収めていた。またアヘン戦争によって香港も租借という形で事実上、領有していた。中国でも上海などに権益を持っていた。イギリスはアジア諸国からの搾取によって繁栄を極めていた。

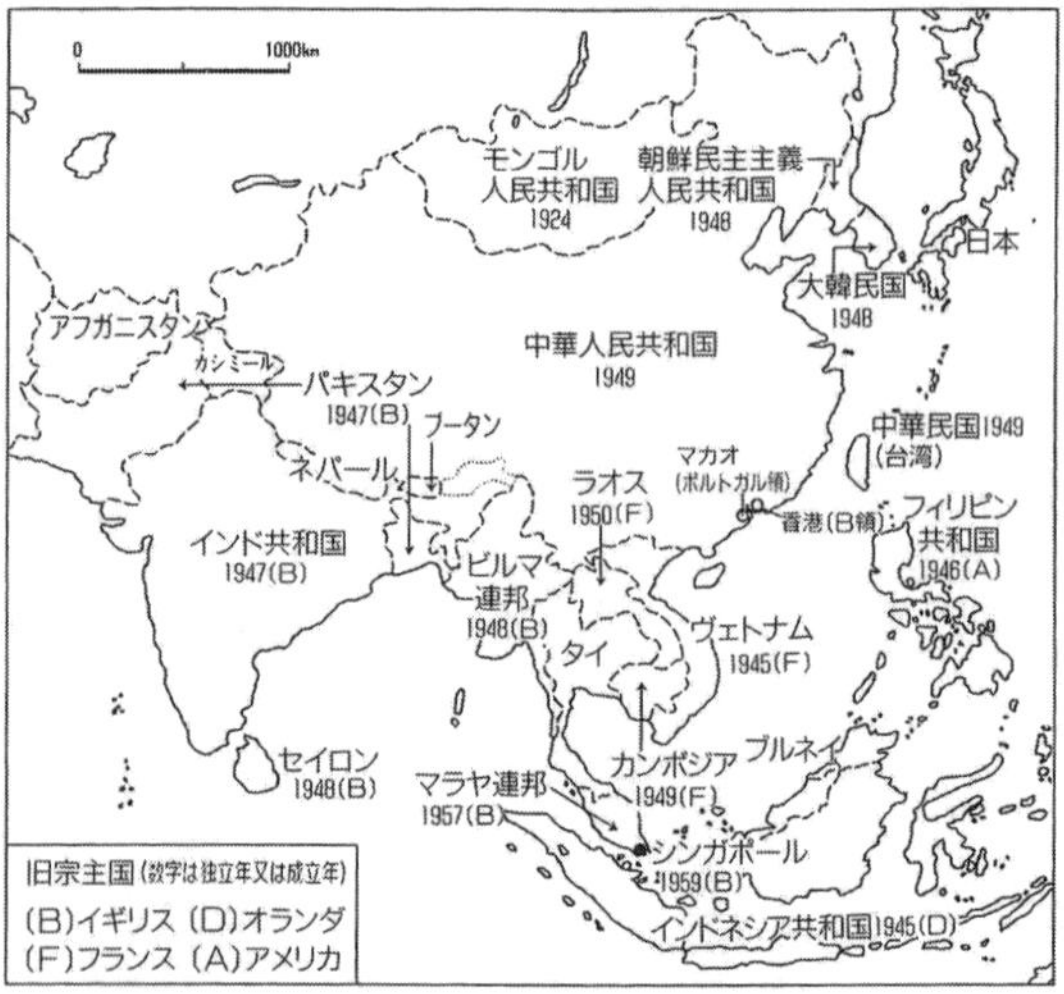

太平洋戦争後に独立したアジアの国々

　フランスはインドシナ半島（現ベトナム）を、オランダが東インド（現インドネシア）を、スペインはフィリピンを植民地にしていたが、米西戦争に敗れた結果、フィリピンはアメリカ統治に変わっていた。ポルトガルもマカオを中国から租借していた。そして遅れて帝国主義国家となった日本も、朝鮮、台湾を領有し、新たに満州を手に入れ、中国大陸で戦線を拡大させていた。

こうしたなかで、独立国としての体裁を保っていたのは、わずかにタイ王国（当時はシャム）だけだった。

「大東亜戦争」の開戦

一九三七年の盧溝橋事件により、アメリカ（America）、イギリス（Britain）、中国（China）、オランダ（蘭印、Dutch East Indies）が、日本に対し、経済封鎖などを行うと、日本では、これを、四か国の頭文字をとって「ＡＢＣＤ包囲網」と呼んだ。

一九四〇年一月、アメリカは、日本に中国からの撤退を求め、日本に対し、日米通商航海条約の廃棄を通告、さらに、一九四一年七月、日本が石油やゴムを求めて仏領インドシナに進駐すると、アメリカ国内の日本資産を凍結。対日石油禁輸、戦略物資の禁輸など日本への対抗策を強化した。日本は追い詰められ、この包囲陣を突破しようとしてますます強行策をとるようになった。

アメリカの日本への最後の切り札となった一九四一年八月の石油全面輸出禁止の通告を

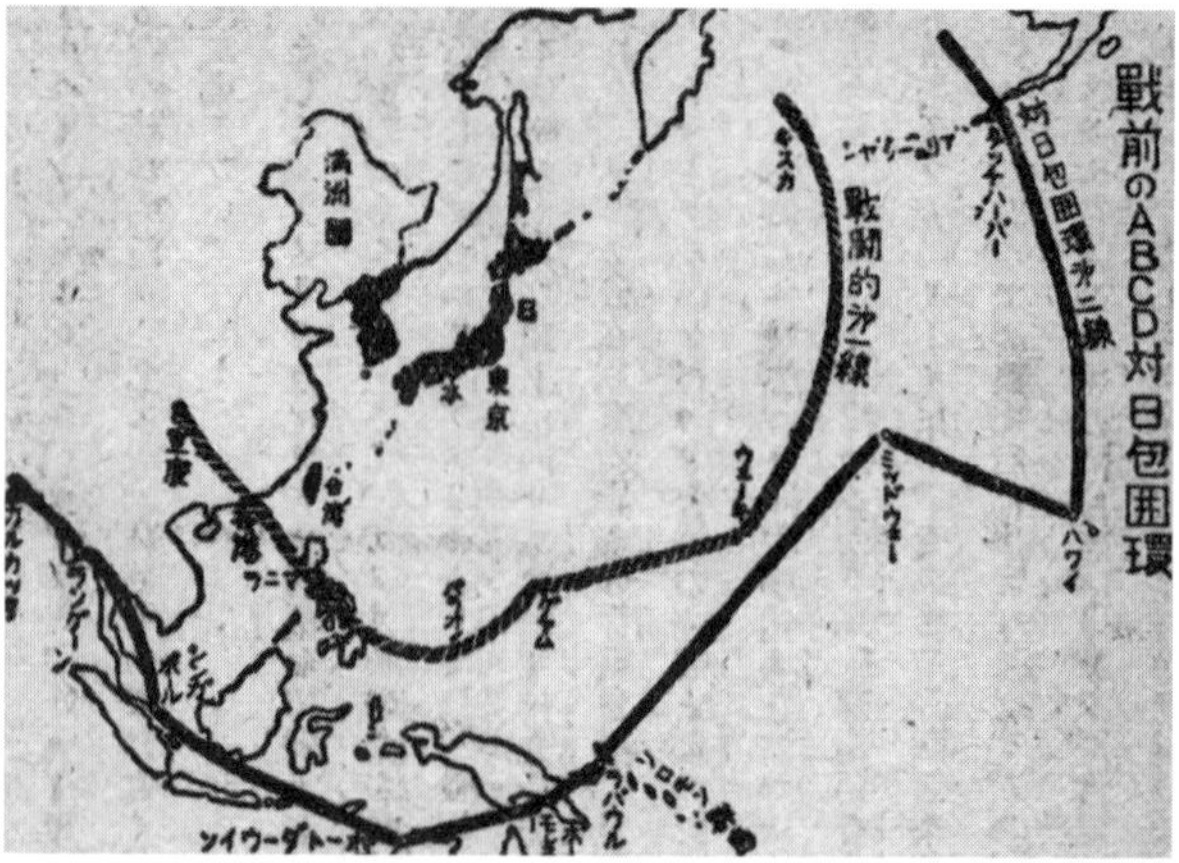

機会に、日本は現職の軍人、東条英機陸相を首班とする挙国一致軍事内閣を発足させる。東条を推したのは当時の内相、木戸幸一だったとされる。木戸は東条に陸軍を抑えさせ、戦争回避への道を探ろうとした。しかし欧米が求めていた中国からの撤退に陸軍が従うわけがなく、日本の石油備蓄が二年分しかなかったこと、そして日米交渉の事実上の決裂を受けて、東条は東南アジアの石油などの資源を求めて米英蘭との全面戦争開始を決意する。そして、戦争の大義として、「東南アジア諸国を欧米支配から解放して楽土を建設する」という「大東亜共栄圏」の実現を掲げ、この「大東亜戦争」は正義の戦争であることを強調した。

2. 真珠湾攻撃

当時「大東亜戦争」と呼んだ太平洋戦争は、日本海軍によるハワイの真珠湾アメリカ軍基地への奇襲で始まった。空母六隻を中心とした日本の大機動部隊は、ひそかに北海道東方の択捉島《えとろふ》のシムカップ湾に集結。無線封鎖をして進路を東に、途中から南下してハワイの北海域に迫った。大本営（日本軍の最高司令部）からの暗号電報「ニイタカヤマノボレ一二〇八」で、攻撃日時は日本時間の一二月八日と決まった。ハワイ現地時間では一二月七日、日曜日の朝だった。真珠湾（パールハーバー）にはアメリカ軍太平洋艦隊の主力艦であった戦艦テネシー、ウエストバージニアなどが悠然といかりを降ろしていた。

日本の機動部隊は、「赤城」など空母六隻、戦艦二隻、重巡洋艦二隻、軽巡洋艦一隻、駆逐艦九隻、潜水艦三隻、給油艦七隻、空母に搭載された艦載機は合計三九九機だった。午前六時、攻撃機は空母甲板から次々に飛び立った。七時四九分、「全軍突撃せよ」の無電。この三分後に指揮官は「トラ・トラ・トラ（われ奇襲に成功せり）」を受信する。

静かな日曜の朝を不意打ちされた真珠湾はたちまち地獄絵となった。

炎上する戦艦ウエストバージニアと戦艦テネシー

奇襲によって炎上するアメリカ軍基地

アメリカ側の損害は、戦艦カリフォルニアなど戦艦五隻を含む七隻が沈没または座礁、大破三隻、中小破七隻（うち戦艦三隻）の計一七隻。航空機二三一機が撃破、戦死者二四〇二人、負傷一三八二人。

一方の日本側は航空機二九機、搭乗員五四人と特殊潜航艇五隻の九人を失ったにすぎず、まさに日本側の大勝利ではあったが、なぜか米空母はハワイに一隻もいなかった。

この真珠湾攻撃までは、世界の海軍は戦艦を主力としていたが、この戦いで空母＝航空母艦の時代を迎えたことが証明された。ちなみにこの時点で空母は日本が九隻、アメリカは七隻だった。

日本は戦争が始まったこと、初戦で大きな戦果を挙げたことを「大本営発表」として、ラジオで国民に伝え、日本中は興奮に沸き立った。当時、小学校に入る前の少年であった私と、私の家族もラジオの音を最大にして大いに盛り上がった。

遅れた宣戦布告

ハワイ奇襲成功の報に接した連合艦隊司令長官の山本五十六《いそろく》大将は「アメリカへの開戦

通告は奇襲の前にしただろうな」と、部下の参謀に念を押したが、日本からアメリカへの最後通牒の手渡しは、間に合わなかった。ワシントンの在米大使館が翻訳に手間取ったため、攻撃開始五〇分後の手渡しとなった。このためアメリカは「だまし討ちだ」と日本を強く非難することとなった。アメリカ国務省は事前に日本の暗号を解読していたという説もある。

しかしこれでアメリカ国民は怒り、日本との戦争を支持した。

真珠湾奇襲を一番喜んだのはアメリカ合衆国第三二代大統領フランクリン・D・ルーズベルトだったかも知れない。ルーズベルトは、恐慌を克服するためニューディール政策をとったことで国民の支持を集め、この大戦中に史上初の四選を果たすのだが、戦争前は共和党支持者らを中心としたアメリカ孤立主義と厭戦《えんせん》（戦争を嫌う）気分に妨げられて戦争を始めることができなかった。日本による真珠湾奇襲で、厚い壁が一挙に取り払われたばかりか、戦争遂行に国民が一致団結することになったのだ。またドイツと戦っていたイギリスのチャーチル首相も、アメリカの参戦によって「これでドイツに勝てる」と喜んだとも言われる。

クローズアップ

ゼロ戦

「ゼロ戦」は、太平洋戦争初期に活躍した、海軍の戦闘機だ。正式には「零式艦上戦闘機」。全幅12メートル、全長9メートル。1940年7月に開発され、優れた運動性能、2200キロという長い航続距離、そのうえ重武装、当時では珍しい引き込み車輪で、日中戦争と太平洋戦争開始時には、陸軍の戦闘機「隼《はやぶさ》」と並んで、米英の戦闘機を圧倒し、敵に恐れられた。

実に1万430機が中島飛行機と三菱重工業で

空母上のゼロ戦

製造され、工場はB29空襲の最初の目標となった。（「隼」は5751機製造）真珠湾攻撃でも空母から飛び立ったが、相手戦闘機が現れなかったため飛行場を攻撃したという。

しかしアメリカが、速度や性能に勝るF4Uコルセアや F6Fヘルキャットを登場させてくると劣勢になり、日本を空襲するB29に対しては高高度迎撃ができなかった。このため戦争末期には爆撃や特攻機としても使われた。

ゼロ戦を設計した技師、堀越二郎は、2013年になって、宮崎駿監督のアニメ映画『風立ちぬ』の主人公として描かれた。

飛行中のゼロ戦

マレー半島を進軍する日本軍

3. 南方作戦の開始

真珠湾攻撃と並行して、日本軍は資源確保を狙って東南アジアへの侵攻作戦を開始した。イギリス領マレー（現マレーシア）への侵攻は、真珠湾攻撃より一時間五〇分も早く始められた。

一二月八日午前一時三〇分、マレー半島東海岸、英領マレーの東北側、タイ寄りにあるコタバルには、日本の三隻の輸送船から五五〇〇人の上陸部隊がイギリス側の空からの攻撃を受けながら上陸、直ちに近くにある飛行場を占領した。

日本陸軍は東南アジア攻略のために南方軍を新設した。当時、中国大陸には八〇万もの大軍を配置し、その北側の満州には七五万の関東軍、合わせて一五五万人の大兵

オランダ領東インド・セレベス島に突入する海軍陸戦隊

力が現地に釘付けになっていた。中国の国共合作（それまで敵対していた国民党と共産党が協力して日本に対抗した）による根強い抵抗と、ソ連軍の南下に備えるためだった。

このため新しい南方軍は、さして多くない兵力によって編成された。しかしその兵力で予想外の短期間に東南アジア各地を占領することができた。それは一部現地住民の日本への協力があったからだ。東南アジア各国は一九世紀から欧米の植民地にされていた。この抑圧から逃れて国を独立させようと日本軍に協力することが多かったとされる。なかでも英領ビルマ（現ミャンマー）ではそうだった。

しかしフィリピンは少し事情が違っていた。スペインからフィリピンを奪い取ったアメリカがフィリピンを一九四六年までに独立させることを連邦議会で決議していた。

その日本南方軍は、英領マレー・シンガポールに第二五軍を、フィリピンには第一四軍を、英領ビルマには第一五軍を、そして最大の目標、オランダ領東インド（現インドネシア）には第一六軍があてられた。また英領の香港と米領のグアム島にも師団や旅団、連隊が送り込まれた。また東南アジアで唯一独立国だったタイに対しては日本軍の国内通過を認めさせた。

シンガポール占領

英領マレー北東部のコタバルなど三か所に上陸した日本軍は、イギリス・インド軍の抵抗に

シンガポールに入る陸軍戦車部隊

会いながら南下を続けた。兵士たちはパンクしない石タイヤの自転車で南下し、翌年（一九四二年）二月一五日には南端のシンガポールに達した。山下奉文大将が、英守備隊のパーシバル中将に「イエスかノーか」と詰問し降伏させた話はよく知られている。シンガポールは「昭南市」と改名され日本軍による軍政がしかれた。

銀輪部隊の南下の模様と山下将軍が英軍幹部に詰め寄る姿は、日本の映画館のニュース映画で何度も上映され、日本国民は戦勝気分にひたった。

同じくマレー半島東海上では、開戦三日目の一二月一〇日、シンガポールを基地とするイギリスの戦艦プリンス・オブ・ウェールズと巡洋戦艦レパレスが、日本海軍航空隊の空爆で撃沈され、英東洋艦隊はその主力を失った。これは航空機による空からの

クアラルンプール突入

シンガポール市街北方、黒煙を上げる重油タンク

フィリピン・ルソン島リンガエン湾に上陸

攻撃で航行中の大型軍艦を沈めた最初の例となった。

アメリカ軍を追い詰める

日本軍は、フィリピンの首都マニラがあるルソン島西岸のリンガエン湾と東岸のラモン湾の双方から、一二月二二日と二四日に上陸し、アメリカ軍を挟み撃ちにしようとした。

非武装都市宣言をしていたマニラにはアメリカ軍の姿はなかった。アメリカ軍はマニラ湾西側に突き出たバターン半島に立てこもっていたのだ。日本軍は空爆と砲撃で、アメリカ・フィリピン軍を追い詰め、翌年四月上旬、バターン半島を占領、一挙に将兵（将校と兵隊）合わせて七万人を捕虜にした。

自動車を持たなかった日本軍は、炎天下六〇キロ、鉄道

フィリピン・ミンダナオ島に上陸する海軍陸戦隊

のある場所まで捕虜を歩かせた。当時の軍隊としてはそれほどの距離ではなかったが、食糧がほとんどなかったため、アメリカ兵一万二〇〇〇人とフィリピン兵一万六〇〇〇人が死亡した。これは「バターン死の行進」として知られ、日本軍は戦後、その責任を問われた。

バターン半島の先端二キロの海上にある、コレヒドール島は要塞になっていた。ここにはアメリカ・フィリピン軍総司令官ダグラス・マッカーサー将軍がいたが、夫人やフィリピン大統領らとともに魚雷艇で島を脱出、飛行機でオーストラリアに避難した。そのときマッカーサーが言ったとされる「アイ・シャル・リターン」は、アメリカ兵たちの間で流行語になった。コレヒドール島は一九四二年五月六日、日本軍の手に落ちた。

河を渡る日本軍

ビルマ制圧と独立義勇隊

一九四二年年一月末、日本軍は、タイ領を通ってイギリス領ビルマに侵入した。ビルマ攻略のねらいは、「援蒋ルート」と言われる、連合軍が中国の蒋介石軍に物資を供給するための輸送路を断ち切ることだった。イギリスなどは、南部にある首都で港町のラングーン（現ヤンゴン）に物資を陸揚げし、山を越えて中国内陸部に送っていた。日本軍はイギリス・インド軍と交戦しながらラングーンを無血占領した。

また日本海軍はインド洋で英東洋艦隊と戦い、空母ハーミスと重巡二隻を撃沈する。こうして日本はセイロン島（現スリランカ）をも爆撃して、ここに根拠地を持つ英海軍を撃退すると、海路ビルマ西海岸に部隊を上陸させて英印軍や一〇万の中国軍を襲い、一九四三年五月一八日、ビルマ全土を掌握した。この陰にはビルマの独立を求める義勇隊をはじめとするビルマ民衆の支持があった。この独立義勇隊は日本軍が海南島で育成したメンバーを中心に六〇〇〇人にのぼっていた。しかし結局、日本はビルマの独立を認めようとはしなかった。

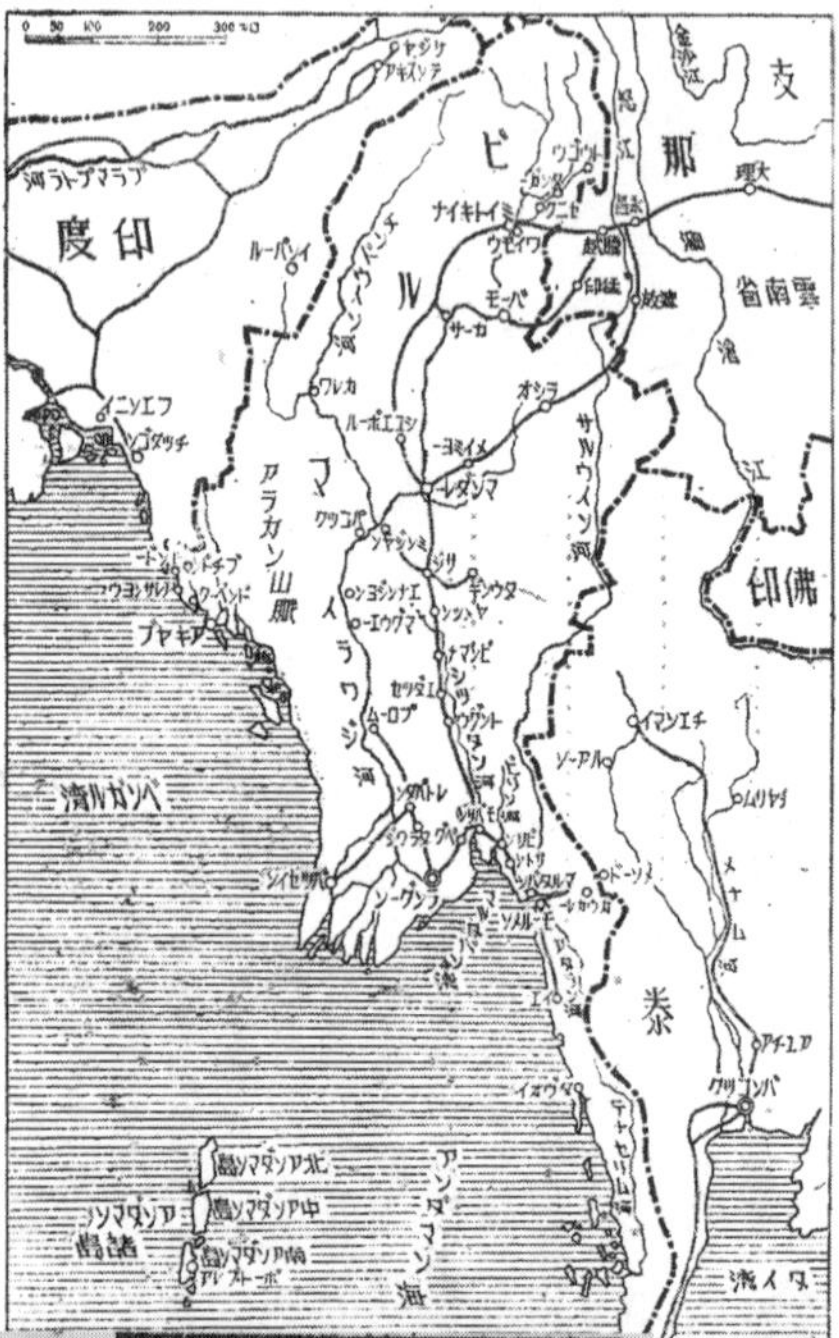

ビルマの地図（上）

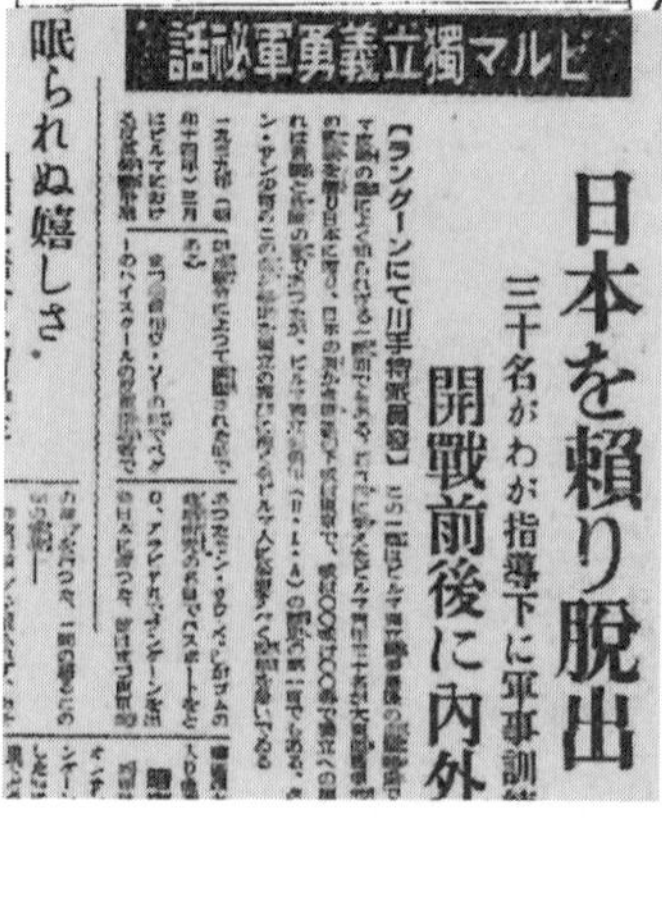
ビルマ獨立義勇軍秘話

日本を頼り脱出

三十名がわが指導下に軍事訓練

開戰前後に内外

【ラングーンにて川手特派員發】

眠られぬ嬉しさ

ビルマ独立義勇軍と陸軍野田大尉（下右）

ビルマ独立を報じる新聞（下左）

スマトラの石油

オランダ領東インド（現インドネシア）の占領は南方作戦最大の目標だった。石油があったからである。日本軍は石油基地があるボルネオ島（現カリマンタン）には一九四二年一月から二月にかけて上陸。また油田地帯のスマトラ島パレンバンに二月一四日と一五日、落下傘部隊が降下して製油所を占領し石油を手に入れた。そして中心となるジャワ島には三月一日、三か所でいっせいに上陸、三月五日、オランダ総督庁があるバタビア（現ジャカルタ）を制圧した。作戦の途中、アメリカの重巡洋艦エクゼター、ヒューストン、オーストラリアの軽巡洋艦パースなどを撃沈、この海域の制海権を握った。

英仏米蘭などの欧米諸国の植民地になっていた東南アジア諸国は、一挙に日本の占領地になった。

開戦からわずか四か月後の一九四二年三月だった。欧米の支配から解放された各国は、こんどは日本に支配された。東南アジアの多くの人びとにとって、日本の進出は植民地支配からの解放を意味するものではなく新たな支配者の出現に過ぎなかった。

降下後すぐに攻撃に備える落下傘部隊

日本は、石油、ゴム、錫など東南アジアの資源を狙っての進攻だったが、占領した後の現地国をどうするのか明確な方針を持っていなかった。思想や政策なしの占領だった。したがって現地の人びととの心をつかむことができなかった。

パリクパパン油田（上）と製油所
インドネシア、カリマンタン島

また第二段階の作戦も持っていなかった。日本はこの戦争を「大東亜戦争」と呼び、アジアが一つになるという「大東亜共栄圏」の建設をうたったが、それが実現することはなかった。加えて、ようやくつかんだ資源だったが、石油などを日本に運ぶ手段は手薄だった。護衛もできなかったため、日本に向かう輸送船の多くがアメリカの潜水艦の餌食《えじき》になり、資源はほとんど日本に届かなかったのである。

ニューギニアで

日本陸軍は、さらにオーストラリアの北に位置するニューギニアにも兵を進めたが、あまりにも戦線を広げすぎたため、日本から各前線への補給が続かなくなった。

負け戦はこうして始まったのだった。

攻撃を受けて大破した重巡洋艦「三隈」

4. ミッドウェー海戦

真珠湾奇襲で米太平洋艦隊の主力戦艦を沈め、東南アジアへの進出も計画どおりにいって気をよくした日本の軍部が、つかの間のゆとりのあと、第二段階の戦いとして考え出したのが、

①アメリカとオーストラリアとの海上交通路の遮断
②ハワイ北西のミッドウェー海域にアメリカの艦隊をおびき出し一挙に撃滅

という二つの作戦だった。しかし、早くもこれらの失敗が、わずか開戦半年にして日本の敗戦への分岐点となった。

この作戦を決めた背景には一九四二年四月一八日のドゥリットル空襲があった。

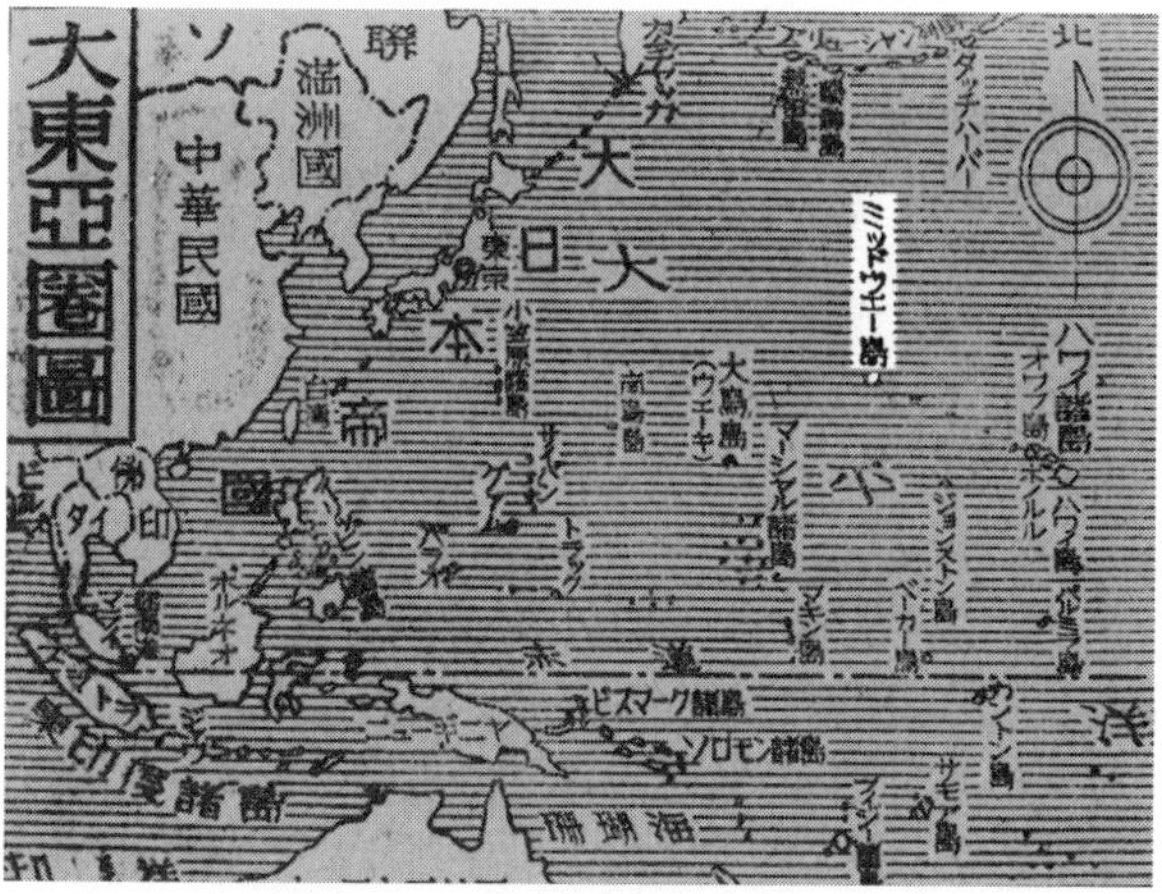

ミッドウェー島は日本にとって重要な位置にあった

日本の東方海上に接近した米空母ホーネットから飛び立ったドゥリットル陸軍中佐率いるB25双発爆撃機一六機が、日本本土を初空襲した。東京・川崎に一三機、名古屋・四日市に二機、神戸に一機が飛来、軍需工場をねらって爆弾を投下したのちに中国大陸へ飛び去った。被害はほとんどなくこのうちの三機が中国で日本軍に捕獲されたが、安全なはずの首都が突然襲われたことに、軍部の衝撃は大きかった。そこで米空母をおびき出して沈めようというミッドウェー作戦となり、陸軍もこれに協力した。

ここから、日本は敗戦への下り坂を転がり落ちることになるのだが、それは後世になってはじめてわかったことだ。

初の空母対空母で苦戦

オーストラリア方面への作戦は、オーストラリア領東部ニューギニア（現パプアニューギニア）の拠点、ポートモレスビーを海軍機動部隊によって攻略するものだった。この作戦は、暗号を解読した米軍の知るところとなり、空母二隻を中心とした二三隻の米機動部隊がサンゴ海南方海上で日本艦隊を待ち伏せた。

対する日本艦隊は、二隻の最新空母と完成したばかりの軽空母一隻を中心としていた。一九四二年五月四日、サンゴ海海戦は史上初の空母対空母の戦いとなった。サンゴ海は、オーストラリア東岸のグレートバリアリーフ、その北側の東部ニューギニア、その北側のソロモン諸島、バヌアツなどに囲まれた海域を指す。

双方が偵察機を飛ばして相手を索敵していたが、アメリカが日本艦隊を発見するほうが早かった。攻撃機九三機がまだ発進準備中だった軽空母「祥風」に襲い掛かり撃沈する。

その後、日本側が米空母レキシントンを撃沈、ヨークタウンを中破させたが、日本側は多くの航空機と熟練搭乗員を失い、残った二隻の空母も深手を負って、次のミッドウェー海戦に参加できなかった。戦いは形の上では互角だったが、暗号を解読して先回りしたアメリカ側の実質的勝利だった。ポートモレスビー攻略は延期となった。

空母四隻を失う

もう一つの作戦は、ミッドウェー島、ハワイ北西の中部太平洋に浮かぶ米領のこの島を、日本が占領して戦略上のかなめにするとともに、真珠湾奇襲でも叩けなかった空母を含む米機動部隊をこの海域に誘い出して一挙に壊滅に追い込もうというものだった。

サンゴ海海戦から一か月後の一九四二年六月五日、日米の機動部隊は向かい合った。日本は空母四隻、戦艦二隻、重巡二隻、軽巡一隻、駆逐艦一二隻、そして後方に軽空母二隻、戦艦五隻、重巡四隻、軽巡二隻の第二隊。この中には、日本が誇る世界一大きな戦艦「大和」六万五〇〇〇トンの姿もあった。

海戦は先に相手を発見して空から攻撃を仕掛けたほうが勝ち。当時は日米ともにレーダーが本格的には実用化されておらず、運がよければ雲の切れ間から敵を見つけることができたが、もちろんその逆もあった。日本は偵察機を扇状に分散させて敵艦隊を探したが、そこに死角があって敵を発見できず、一部発見した位置も間違っていた。

空母「飛龍」

これに対しアメリカ側は、日本の空母群の位置を正確につかんでいた。日本側は混乱し、空母から発進させる攻撃機につけていた魚雷をはずして爆弾に取り換え、さらに再び魚雷に付け替えていざ発艦しようとしている最中に、米軍機の編隊に襲われた。これは後に「運命の五分間」と言われた。満タンの航空燃料と魚雷を抱えた甲板上の攻撃機はたちまち火に包まれ、誘爆を繰り返した。

空母「赤城」「加賀」「蒼龍」の三隻が炎上、またたく間に沈没した。唯一残った「飛龍」の艦上機が米空母ヨークタウンを二回にわたって爆弾攻撃して航行不能に陥れて炎上させ、二日後に日本の潜水艦が撃沈したが、「飛龍」も攻撃を受けて炎上しやがて沈没した。ヨークタウンは、一か月前のサンゴ海海戦で深手を負わせたはずだったが、わずか一か月で修理を終え、艦載機を載せて出撃してきたのだった。アメリカには日本では考えられない高い艦船修理能力があった。

大破して漂流する
空母「飛龍」

戦局は逆転

山本五十六《いそろく》連合艦隊司令長官が乗った戦艦「大和」などの別の艦隊は、五五〇キロ後方にいたが、救援に駆け付けることもなくそのまま後退していった。戦術ミスと不運が重なり、日本は大型空母四隻と搭載機二九〇機、優秀な搭乗員を一度に失った。日本海軍はこれで太平洋の制海権を失い、立ち直れない打撃を受けた。それまで日本有利に運んでいた戦局は、一挙にアメリカ有利にと逆転した。序盤日本が優勢に見えた戦局は、わずか半年で劣勢に変わった。ミッドウェー海戦の大敗北は、戦後までひた隠しにされ、大本営は逆に「大勝利」とウソの発表をした。日本国民が、敗戦への転機となったのが、ミッドウェー海戦だったことを知ったのはしばらくたってからだった。戦後の混乱の真っただ中で、このことをきちんと受け止めた人は多くなかった。

クローズアップ

戦艦大和《やまと》

戦艦「大和」は、太平洋戦争開戦の数日後に呉海軍工廠で完成した史上最大の戦艦だ。イギリスの戦艦を大きく上回る能力を備えていたが、太平洋戦争は軍艦どうしが大砲を撃ちあうそれまでの砲撃戦ではなく、砲弾が届かない離れた距離からの空母による航空戦に変わっていたため、その能力を発揮できないまま、沖縄戦に向かう途中117機にのぼる米軍機の餌食となって、2740人の将兵とともに沈没した。（生存者269人）このため、「戦艦大和」は時代遅れの無用の長物《ちょうぶつ》の代名詞ともなっている。

全長262メートル、6万5千（満載時7万2800）トン。

航海中の戦艦大和

主砲は世界最大の46センチ砲３連３基で、最大射程距離は４万８００メートル、当時としては世界で一番遠くまで砲弾を飛ばせる巨砲だった。副砲は巡洋艦の主砲と同じ15・５センチ連装２基、ほかに12・７ミリ連装高角砲12基、搭載機７機、カタパルト２基、クレーンを備え、装甲は横腹が41センチ、砲塔は65センチの厚さだった。「大和」は最高の軍事機密だったため、国民も戦後までその存在を知らなかった。

２番艦「武蔵《むさし》」は、三菱長崎で建造されて大戦中の１９４２年８月に就役したが、１９４４年10月、レイテ沖海戦でアメリカ軍の攻撃を受けて沈没。

３番艦「信濃《しなの》」は、建造中に空母に改装され、１９４４年11月、横須賀から呉に回航途中に、紀伊半島沖で米潜水艦の魚雷攻撃を受け、一度も戦うことなく姿を消した。

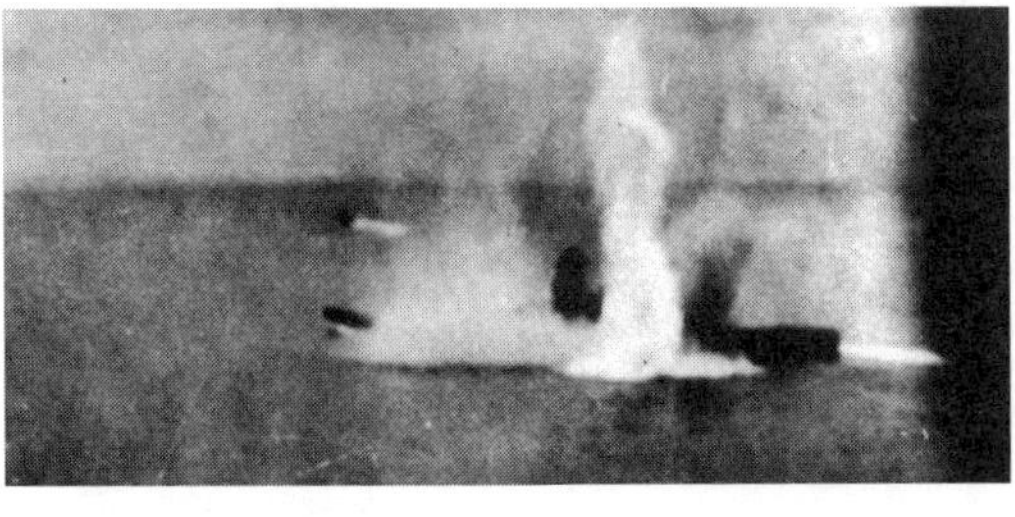

アメリカ軍の攻撃を受けた大和はこの後沈没

5. ガダルカナルの戦い

ミッドウェー海戦の大敗北に続く、ガダルカナル島での敗北は、この戦争の攻守転換をさらに決定づけるものとなった。

アジア各地を占領した日本は、第二段階の戦略として、アメリカがオーストラリア方面から反撃北上してくるものと考え、米豪間を分断する作戦をとることとなった。

この作戦の拠点は、ニューギニアの北にある島、ニューブリテン島のラバウルだった。ニューブリテン島は九州ぐらいの大きな島、その一角にドイツが築いたラバウルは、天然の良港と飛行場がある要塞だった。開戦初期に日本軍はここを占領していた。ここから東に一〇〇〇キロの南太平洋・ソロモン諸島のガダルカナル島では、

ラバウルは日本軍にとって重要な拠点だった

日本陸軍第一七軍が飛行場を建設し完成に近づいていた。ガダルカナル島は、ラバウルから出撃する海軍の戦闘機、「ゼロ戦」が往復できる、ぎりぎりの場所だった。つまり、ソロモン諸島の制空権を確保するには欠かせない前進基地となるはずだった。

飛行場が急襲される

ところが、一九四二年八月七日、アメリカは突然、空母三隻を含む八二隻の大機動部隊で、海兵隊一万九〇〇〇人をこの島に奇襲上陸させる。不意をつかれた日本軍は設営部隊などわずかな兵力だったため、完成間近だった飛行場を奪われてしまう。

このあと繰り広げられた、この飛行場をめぐる日米の死闘の跡を少したどってみる。

報告されていたラバウルでの戦果はほとんど幻だった

知らせを受けて出動した日本の艦隊は、翌八日、付近で米の重巡四隻を撃沈、一隻を大破させる。これが第一次ソロモン海戦だった。だが日本艦隊は敵の戦闘艦艇を撃破したものの、上陸支援部隊を攻撃しなかったため、米軍は大量の兵器・物資の陸揚げに成功する。

八月一八日、飛行場奪還のため陸軍第一七軍は、一木支隊九〇〇人を東側の岬に上陸させるが、予想を超える大軍になっていた米軍の固い抵抗にあい全滅。

八月二〇日、アメリカ軍は戦闘機など三一機を着陸させ、飛行場をヘンダーソンと名付け運用を始めた。

クローズアップ

金鵄《きんし》勲章と恩賜《おんし》のタバコ

「金鵄勲章」は、武功のあった軍人軍属に与えられた大変名誉ある勲章。「金鵄」とは、神武天皇東征の際、天皇がかまえた弓の先に黄金色のトビがとまって光り輝き、敵軍の目をくらませたという伝説にもとづいている。

功一級から功七級まであり、最高の功一級の受章者は、明治時代から太平洋戦争終了までの間にわずか42人しかいない。

大東亜戦争（太平洋戦争）での功一級は、山本五十六元帥ら海軍5人、陸軍1人の6人だけだった。

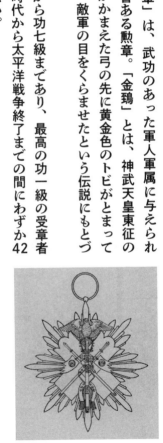

しかし下の級になると受章者は多く、この戦争で約62万人が受章した。

そして、戦場で死地に赴く兵士らに与えられたのが「恩賜《おんし》のタバコ」だった。あすには玉砕、敵陣に突入して戦死するという夜、菊の紋章の入ったタバコが兵士たちに1本ずつ配られた。

敗戦前の昭和19年度には2865万本が製造され、戦後もつくり続けられていたが、2006年に廃止された。

皇軍士氣　恩賜煙草

隊長手頒恩賜莨。

將兵感激泣ニ榮光一。

被レ創勇士心逾奮。

抵レ死猶希向ニ戰場一。

平聲陽韻

奪還は不能

こうしたなかで九月にかけて陸軍川口支隊約六〇〇〇人が上陸する。上陸には、駆逐艦による「鼠《ねずみ》輸送」や大型発動機艇を使う「蟻《あり》輸送」の方法が使われた。当然、大きな兵器は陸揚げできない。川口支隊は迂回して南側から飛行場に迫るが、突入できない。米側は近づく日本軍に備えて飛行場の周囲に敵の足音を探知する集音機を据え付け、部隊の接近を探知していた。食料を持たない川口支隊はジャングルの中で飢えと闘うことになる。

一九四二年八月二四日、第二次ソロモン海戦。日本は軽空母一隻を失うが、米空母ワスプを中破沈没させる。

一〇月一三日、日本の戦艦、「金剛」と「榛名」が、夜間艦砲射撃で海上からヘンダーソン飛行場を砲撃し、一時使用不能にする。一四日、陸軍第二師団が上陸しジャングルの中を飛行場に迫るが、重砲を運べず、ここでも食料枯渇に陥って、一〇月二六日には奪還不能と判断する。

一〇月二六日、南太平洋海戦、日米の主力機動部隊が戦う。日本は米空母ホーネットを撃沈、エンタープライズを中破させるが、空母翔鶴が大破、瑞鳳が中破する。

一一月一〇日、こんどは陸軍第三八師団が上陸作戦。やはり駆逐艦による「鼠輸送」などで兵員や物資を上陸させようとしたが米側の激しい抵抗で、上陸できたのは二〇〇〇人程度。飛行場に近づくことすらできなかった。

一一月一二日～一五日、第三次ソロモン海戦。日米それぞれ空母一対一、戦艦二対二による戦いだったが、日本は戦艦二隻と巡洋艦一隻が沈没。米は巡洋艦二隻沈没。

米軍は兵員を増強させ基地を強化する。一方、上陸した日本陸軍は、食料、弾薬の補給のないまま、ジャングルの中をさ迷う。本来は撤退させるべきだが、大本営は責任追及を恐れてその命令を出すことができない。

二万人が密林で命を落とす

一二月三一日、昭和天皇臨席の御前会議で、ようやく撤退が裁可される。

一九四三年二月一日～七日、二〇隻の駆逐艦隊が三回にわたって島の西端の岬に近づき、兵員を脱出させ、この島をめぐる半年間の戦闘に終わりを告げた。

島に上陸したのは三万一四〇四人、このうち脱出できたのは一万人強とされている。死者不明二万人強のうち一万五〇〇〇人が餓死、戦病死したものと推測された。これに対して米側は、死者・戦傷者合わせて五〇〇〇人だった。

日本兵たちは、ジャングルに掘った塹壕《ざんごう》に潜み、弾丸や食料・水もほとんどない状態で骨と皮に痩せ、戦闘どころではなかった。そこに米軍は昼夜を問わず、陸・海・空から攻撃してきた。

ジャングルの中で生き残った第三八師団の小尾靖夫少尉の陣中日記には次のように記されていたという。

立つことのできる人間は　　寿命三十日間
身体を起して坐れる人間は　　三週間
寝たきりで起きられない人間は　　一週間
寝たまま小便をする者は　　三日間
もの言わなくなった者は　　二日間
まばたきしなくなった者は　　明日

（『実録太平洋戦争　二』「人間の限界　陣中日記」）

ガダルカナル島ジャングル内の川口支隊

陸軍屈指の精鋭部隊、第 17 軍一木支隊が全滅

ガダルカナルの戦いは、大本営の作戦の失敗だった。米軍が本格的な攻勢をかけてきたことを当初、理解せず、島奪還のための兵員を小刻み・五月雨《さみだれ》的に投入したことが取り返しのつかない結果となった。そして大兵力を送り込んだときには、すでに制空権、制海権を米側に握られていた。

そしてこの戦いは激しい消耗戦だった。日本は多くの兵員とともに、艦船二九隻、航空機、燃料、兵器を失ってしまう。とりわけ一〇〇〇機もの貴重な航空機の損害と熟練搭乗員の損失は、ミッドウェーの三倍を上回るもので、日本の航空戦力は、このあといちじるしく低下した。

海軍は駆逐艦多数を失い、徴用した民間輸送船も沈められ、その後の海上輸送や軍需生産に深刻な打撃を与えた。

日本は早い時点で兵を引き上げる冷静な判断をしていれば、その後の継戦能力をある程度維持できたかもしれない。だが、前線の声に耳を貸さず、「大和魂」を叫び続ける大本営は、「食料は敵から奪えばいい」などと考え、日本から六〇〇〇キロ以上離れた地での兵站《へいたん》*計画を持っていなかった。このためガダルカナル島「ガ島」は「餓島」となった。

ようやく撤退しても、大本営は「撤退」とはいわず、「転進」という表現を使った。

密林のなかで兵器を運ぶ日本軍兵士

実際に、陸軍第一七軍の多くの兵士たちは、そのまま南方の激戦地に留め置かれ、再びジャングルで飢えと闘うことになる。ガダルカナルでの悲惨な敗北が日本国内に伝えられるのを封じるためでもあった。

＊兵站は軍の目的に必要な物資を調達する施設で補給、輸送、管理の三つの要素から成る。

死んでも帰れぬニューギニア

こだわり続けたニューギニアのポートモレスビー攻略は、海と空からの十分な支援を受けることができない状況で強行された。兵士たちは深いジャングルの中で、食料や弾薬の補給なしにマラリアやヒルと戦っていた。

山本長官の戦死をつたえる新聞

東部ニューギニアでは、一九四四年夏には戦闘が終わり、前進も後退もできなくなった日本軍は、高原地帯で自活態勢に入った。ここに上陸した日本軍第一八軍は一四万人とされるが、戦後、生きて日本に復員できたのは一万人にも満たなかった。

「ジャワの極楽、ビルマの地獄、死んでも帰れぬニューギニア」と言われた。「ゲゲゲの鬼太郎」で知られるマンガ家、水木しげるは、ラバウルから離れたニューブリテン島での戦いで、左腕を失ったが、幸い復員できた。

日比谷で行われた山本長官の葬儀

山本五十六大将の戦死

ガダルカナル島撤退後の一九四三年四月、連合艦隊司令長官、山本五十六《いそろく》大将は、ラバウルから陸軍の一式攻撃機に乗って前線視察に向かう途中、待ち伏せしていたアメリカ軍のＰ38戦闘機群に襲われてジャングルに墜落、死亡した。

真珠湾攻撃を指揮した山本五十六長官の死は、日本国民を落胆させた。戦死は一か月以上も秘密にされていたが、元帥の称号が贈られ、国葬となった。

駐在武官として欧米勤務の経験がある山本五十六は、太平洋戦争の開戦に強く反対していた。しかし開戦の方針が決まると、「半年や一年は暴れてみせます」と言ったと伝えられている。
それ以降はどうなるかわからないという意味でもある。山本長官はアメリカの実力を知っていたのだった。

6. 玉砕

初めての「玉砕《ぎょくさい》」は、一九四三年五月二九日のアッツ島守備隊だった。翌三〇日の大本営発表で、国民は初めてこのことばに接した。国のため、天皇陛下のために戦った末、全滅したことを美化することばである。

アッツ島は、千島列島とカムチャツカ半島を越えて、さらに東へ、アラスカとの間のベーリング海に首輪状に浮かぶ米領の島々の一つで、少しカムチャツカ寄りに位置している。日本軍はミッドウェー海戦のための陽動作戦として、一九四二年六月、ここを占領。ほぼ一年後、それを取り返そうとする米軍との間で一七日間の戦闘となった。そして陸軍の守備隊二六三八人が戦死した。その東側のキスカ島にいた海軍陸戦隊は脱出に成功した。

続いて一九四三年一一月、中部太平洋ソロモン諸島の北東、ギルバート諸島（現キリバ

強い雨が降る中行われた出陣学徒壮行会

ス）のマキン、タラワ島でも日本軍が玉砕。一九四四年二月、その北、マーシャル諸島のクェゼリン島でも玉砕。

ほとんどは戦死し、最後に残った幹部や傷病兵は自決した。ごくわずか、捕虜となって生き残った人もいた。日本軍は捕虜になることを認めず、どこでも「全員玉砕」と発表された。そうした大本営発表のときは、荘重な「海ゆかば」の曲がかけられた。「退却」は「撤退」と言い換えられた。

学徒動員

日本は、相次ぐ玉砕や敗北で兵士が不足してきた。このため日本国内では、ついに、旧制高校、専門学校、大学の文科系学生の徴兵が始まった。一九四三年一〇

動員された学徒たち

月二一日、東京の明治神宮外苑競技場では、強い雨が降る中、文部省主催の「出陣学徒壮行会」が開かれ、銃を肩にした黒い学生服姿の学生二万五〇〇〇人が水しぶきを立てながら整然と行進した。

男子は二〇歳になると徴兵検査を受けることが義務付けられたが、四三年に一九歳に、四四年には一七歳以上に引き下げられた。四〇歳まで兵役義務があった。

一九一〇年の日韓併合以来、過酷な同化政策がとられ、日本風の姓名への創氏改名、神社参拝などが強要されていた朝鮮では、志願兵のみで徴兵制はとられていなかったが、一九四三年八月には徴兵制がしかれ、日本軍に朝鮮出身の兵士が増えていった。

同じく日本に組み入れられていた台湾でも、これより後の一九四四年九月に徴兵制がとられた。

大東亜会議

大東亜会議

一九四三年一一月、東条内閣は、ミッドウェー、ガダルカナルと負け戦《いくさ》が続くなかで「大東亜会議」を開く。東南アジアの占領地域の親日勢力の代表らを東京に集めての開催だった。会議には南京国民政府の汪兆銘、ビルマのバーモー、自由インド仮政府のチャンドラ・ボースらが出席して、「大東亜共同宣言」を採択した。

しかし、この会議の前にヨーロッパでは、ソビエトに攻め入っていたドイツ軍がスターリングラード（現ヴォルゴグラード）の戦いで敗れて後退し始め、一九四三年九月にはイタリアが降伏して枢軸国の一角が崩れた。

連合国首脳はエジプト・カイロで会談し、日本が無条件降伏するまで戦争を続けることを確認している。

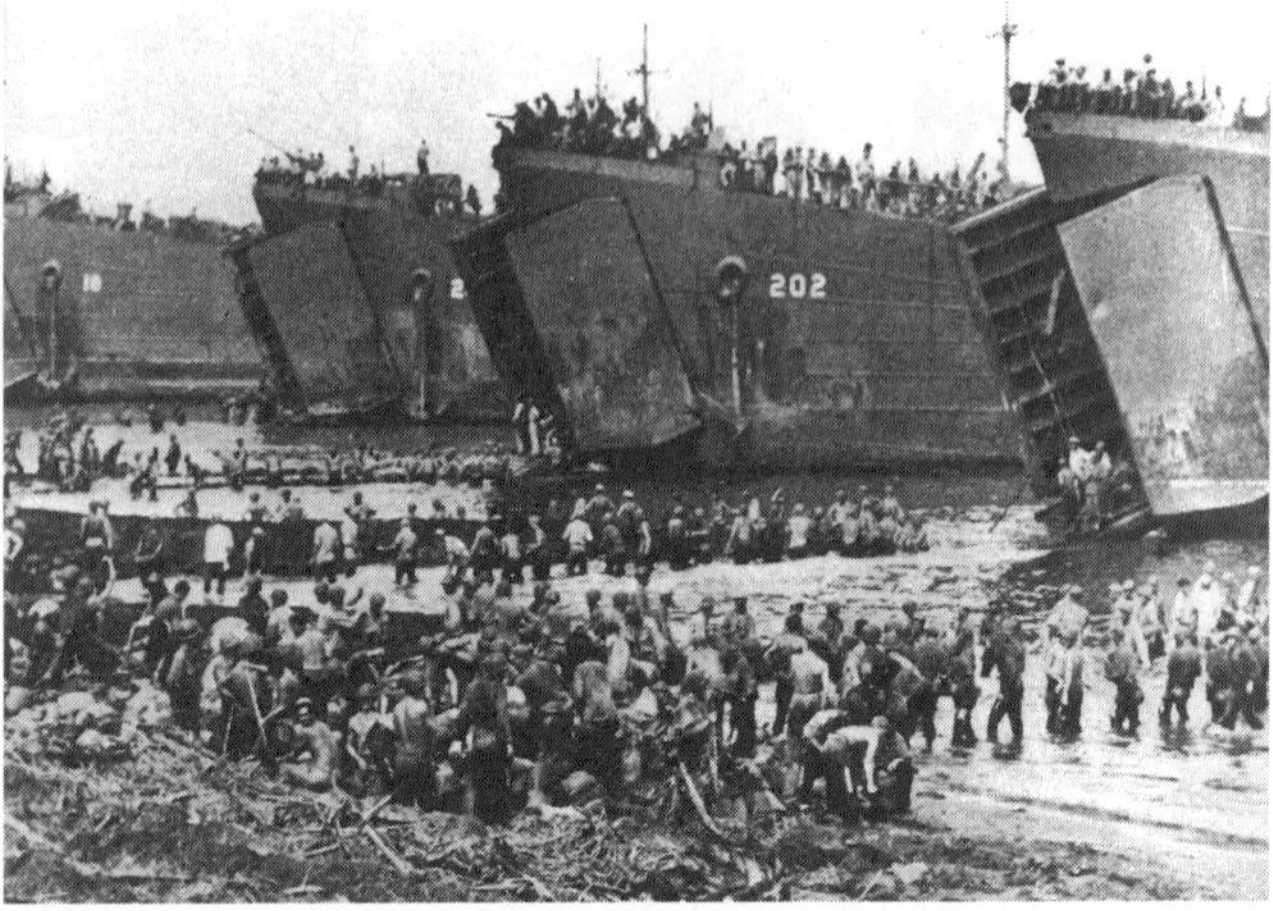
1944年10月、レイテ島に上陸するアメリカ軍

7. 日米生産力の差

一九四四年二月、マーシャル諸島のクェゼリン島を攻めてきたアメリカの機動部隊は、信じられないほど大規模なものだった。空母が一九隻、戦艦一五隻など総勢三〇〇隻、艦載機の数は七〇〇機、加えて近くの島から飛び立ってきた航空機が一二〇〇機にものぼった。

まさに物量作戦であり、アメリカの底力を見せつけるものだった。「リメンバー・パールハーバー」を合いことばに、アメリカは持っていた潜在力を最大限に発揮してフル生産。巡洋艦にするところを転用した軽空母、商船を転用した護衛空母を含めて、空母の数は一九四四年夏までには一〇〇隻近くに増えた。航空機も四三年末までに年産一〇万機のレベルに達した。これに対して日本は急遽、転用した分を含めて大戦中の空母は合計して二五隻、航空機は七万機に過ぎなかった。生産力の差が歴然としてきた。アメリカは、もともと戦争をして勝てるような相手ではなかったのだ。

日本は世界最大の「大和」型戦艦の三番艦「信濃」を、建造途中に空母に改造した。六万二〇〇〇トンと、当時としてはトン数は大きかったが、四二機を搭載するに過ぎず、しかも横須賀から呉に回航する途中、和歌山県潮岬沖で米潜水艦の魚雷攻撃を受け、一度も戦うことなく沈没した。

サイパン島で四万人が戦死

そして迎えたのがサイパン島の戦いだった。フィリピンとハワイの中間にある北マリアナ諸島にある比較的大きな島だ。東京までは北に二〇〇〇キロ強という、米軍にとっては日本を直接攻撃する絶好の地点である。米軍は一九四四年六月一五日に上陸、飛行場を守る日本軍との間で激しい戦闘となった。そして七月七日、日本軍四万人が全滅。最大級の玉砕となった。後年、「バンザイクリフ」と呼ばれるようになったサイパン島マッピ岬の断崖では、日本の民間人八〇〇〇人から一万二〇〇〇人が投身自殺を遂げたとされる。民間人までが命を絶つことはなかったのに。米軍はサイパンに続いて七月二一日には近くのグアム島に上陸して二五日に制圧、七月二四日にはテニアン島に上陸し、八月一日に占領した。

東条内閣の総辞職

強気を続けてきた東条内閣は、一九四四年七月、サイパン島をアメリカに奪われると、ついに政権を投げ出して総辞職。辞めただけではすまされない開戦責任、大勢の人を死なせた責任はどうなるのか。それらは日本が降伏したあとの極東軍事裁判にゆだねられる。そして後任には、またしても陸軍大将が就任、朝鮮総督をしていた小磯国昭陸軍大将が次の内閣を組織した。副総理には海軍大臣がなった。

ここで無条件降伏を受け入れていれば、本土の焦土化、前線・沖縄・本土の何百万人もの尊い生命を救えたはずだった。

8. インパール作戦

ビルマで展開した「インパール作戦」で、日本軍は五万とも六万五〇〇〇ともいわれる戦死者を出した。そのほとんどが病死と餓死であったといわれる。

一九四三年二月、日本軍が占領するビルマ中部に、イギリス・インド軍三〇〇〇人はインド東部のインパールから三〇〇〇メートル級の山脈を越えて現れた。ビルマ駐屯日本陸軍第一五軍は、三方面から進撃を開始。一か月ほどでインパールを包囲したが、これはワナだった。それから前に進めず、空からの輸送手段があるイギリス・インド軍は、戦車や自動小銃で攻撃、補給線が伸び切った日本軍は苦戦。食糧と弾薬がなく病死者、餓死者が続出した。作戦は四四年七月に中止されたが、ビルマ全体で一九万人もの死者を出した。

物資を空輸、トラック輸送するアメリカに対し日本軍は徒歩、人力で運んでいた

クローズアップ

泰緬鉄道

太平洋戦争中、日本陸軍がタイからビルマ（現在のミャンマー）に物資を運び込むために捕虜らを使って短期間に建設した全長195キロの鉄道で、南に長く伸びるマレー半島を大きく迂回せずに、バンコクとラングーン（現ヤンゴン）を結んでいる。

ミッドウェー海戦に敗れた日本は、マラッカ海峡周辺での敵潜水艦からの攻撃を避けるため建設を急いだ。

工事は、5年はかかるとされていたが、1942年6月に着工し翌1943年10月には完成、開通させた。

しかし山間部を通るこの鉄道は、たびたび連合軍の空

襲にあって、不通、復旧の繰り返しだった。

工事は、日本軍1万2000人のほか、連合軍捕虜（英蘭豪米）6万2000人、ビルマ人18万人、マレー人8万人、インドネシア人4万5千人の計37万9000人を動員、雨季に1日10時間以上働かせるなど、疲労や病気で、捕虜1万3000人など、計9万5000人を死なせた。このため戦後、日本は捕虜虐待の罪に問われ、関係者はBC級戦犯として処刑された。このときの捕虜体験をもとに英米合作映画『戦場に架ける橋』が製作され、1957年、第30回アカデミー賞を受賞した。主題歌「クワイ河マーチ」がよく知られている。撮影現場となったクウェー川鉄橋は、いまは観光地になっている。

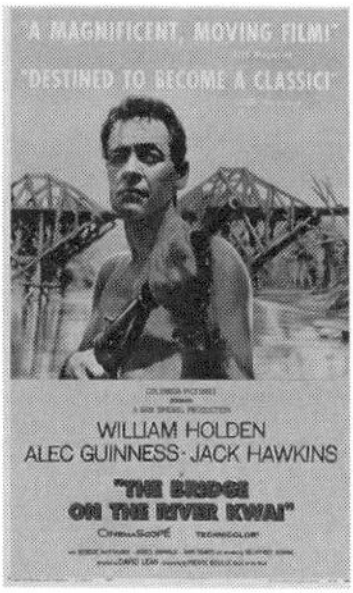

フィリピンに再上陸するマッカーサー

9．米軍がフィリピンを奪還

開戦直後、日本軍に追われてフィリピンを脱出したアメリカ軍は、マッカーサー将軍の約束どおりフィリピンに戻ってきた。一九四四年一〇月、首都マニラのあるルソン島より、かなり南、中部にあるレイテ島沖に米大艦隊が現れた。護衛空母が実に一八隻、その後ろに正規空母一七隻、艦艇の数は戦艦など合わせて一五七隻、さらに補給船、病院船など補助の艦船が同じく一五七隻という大集団。空爆、艦砲射撃のあと一〇万人が上陸した。

フィリピンを守備していた日本陸軍は目を疑った。直前に台湾沖航空戦があって、日本が米空母一一隻を撃沈、八隻大破という大本営発表があったばかりだった。大本営は根拠のないウソを堂々と発表するようになっていた。

神風特攻出撃前の寄せ書き

日本海軍もレイテ沖で迎撃に出たが、またも待ち伏せされて全滅。ここに日本の連合艦隊は消滅した。レイテ島では、地上戦も敗退して九万人が戦死。日本軍はその後、一九四五年八月の敗戦までルソン島で戦ったが、死傷者は実に四九万八六〇〇人にのぼった。

10．神風特攻隊

そしてついに、フィリピン・レイテ湾では、後に「カミカゼ」として世界に知られる、日本の「カミカゼ＝神《かみ》風《かぜ》特攻」が始まった。海軍が誇ったゼロ戦も、新たに登場した米軍の艦載機、グラマンＦ６Ｆヘルキャットには勝てないことが分かった。

「神風特別攻撃隊」の飛行士は、ゼロ戦に二五〇キロ爆弾を抱かせたまま、敵の機動部隊、空母めがけて体当た

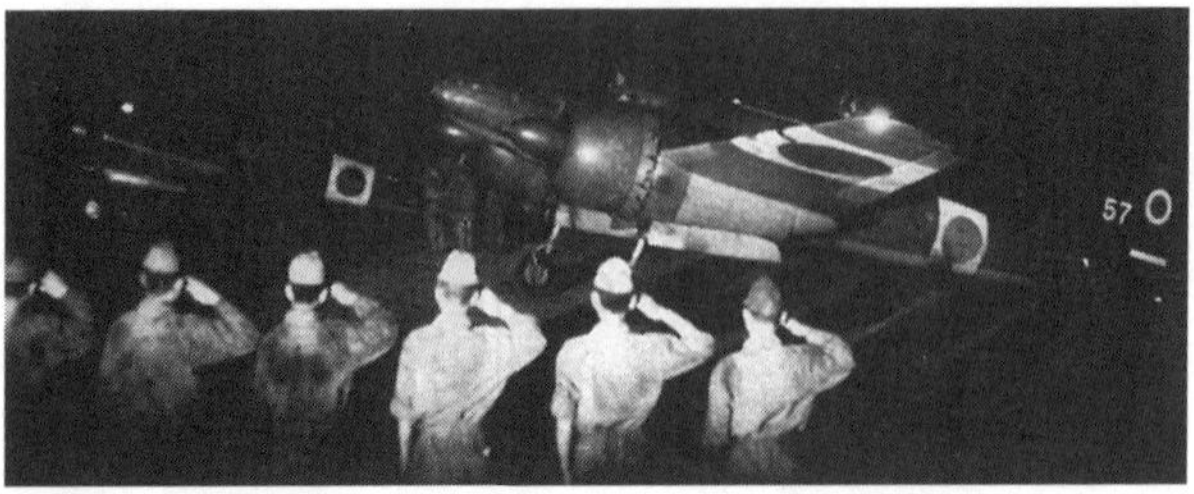

神風特攻の出撃を見送る

りするのだ。爆弾を抱えた飛行機や舟艇で敵艦船に体当たりする世界史上初めての「自殺攻撃」は、空母をすべて失い、通常の爆撃や雷撃では効果を挙げられなくなった日本軍が最後に編み出した、まさに決死で最後の戦術だった。隊員は命令で配属させるのではなく多くの志願者の中から選ばれた。

「神風特別攻撃隊」は一九四四年一〇月二一日、初出撃。四度目の二五日の出撃で戦果が挙がった。護衛空母一隻撃沈、ほかの護衛空母一隻を含む五隻に損傷を与えた。その後、正規空母のイントレピッド、フランクリン、ベローウッド、レキシントン、エセックス、カボットなど多数の艦船を、炎上大破中破させて戦線を離脱させた。

米艦乗組員の間に「カミカゼ・ノイローゼ」が広がり、貯蔵してあったバーボンウイスキーが特別支給された。それでも精神病の発症が相次いだという。

海軍航空隊は、フィリピン戦に特攻機三三三機を投入、四二〇

爆撃機「呑龍」（上左）、戦闘機「隼」（上右）は特攻機として使われた
「回天」（下左）「桜花」（下右）

人を失った。体当たり攻撃「カミカゼ」専用の戦闘機「桜花」も作られた。

　陸軍航空隊も九九式襲撃機や一式戦闘機「隼《はやぶさ》」二一〇機を投入して二五一人を失っている。

「人間魚雷」とも呼ばれる海軍の「回天」は、一五五〇キロの爆薬を積み、時速五〇ノット、航続距離四万メートルと高性能であったが、出撃後の脱出は不可能であり、訓練中の死者は最も多かった。

　陸軍も一人乗り肉薄攻撃艇「マルレ」を作った。二五〇キロの爆弾を装備していた。瀬戸内海の小豆島に一〇〇〇隻の部隊を置いて米軍の本土上陸に備えた。日本の最後の戦術は、若い兵士たちの尊い命と引き換えの特攻しかなくなっていたのだった。

クローズアップ

特攻艇「震洋《しんよう》」

北海道東部の太平洋岸、釧路の東の厚岸《あっけし》湾、その入り口をふさぐような大きな無人島、大黒島《だいこくじま》には、硬い崖の波打ち際に、同じ大きさの穴が12個並んでいる。

これが日本海軍が本土決戦にそなえて準備していた特攻艇「震洋《しんよう》」の格納庫だ。一つの穴に4隻収容できる。

震洋は、ベニヤ板製、船首に250キロ爆薬を格納し、1人用は速度16ノット、2人操縦は27ノットの高速で敵艦に体当たりして沈没に追い込む。連合艦隊がほぼ全滅した海軍は、迫りくる米英軍の日本本土上陸にそなえて、この「震洋」を1944年6月に開発。10月のフィリピン・ル

海軍特攻艇震洋

ソン島の戦いと、翌1945年4月の沖縄戦で実戦に投入したが、大きな成果は挙げられず、2500人の戦死者を出している。

終戦時までに6197隻を量産。長崎県大村湾の川棚に訓練基地があった。毎月400人を養成し、鹿児島、高知、下田などに出撃基地を置いた。

「震洋」は、フィリピン戦線に300隻が送られたが、輸送途中と現地での爆発事故で、75隻111人を失う。その後、バターン半島戦でほぼ全滅した。

震洋には1人乗りと
2人乗りがあった

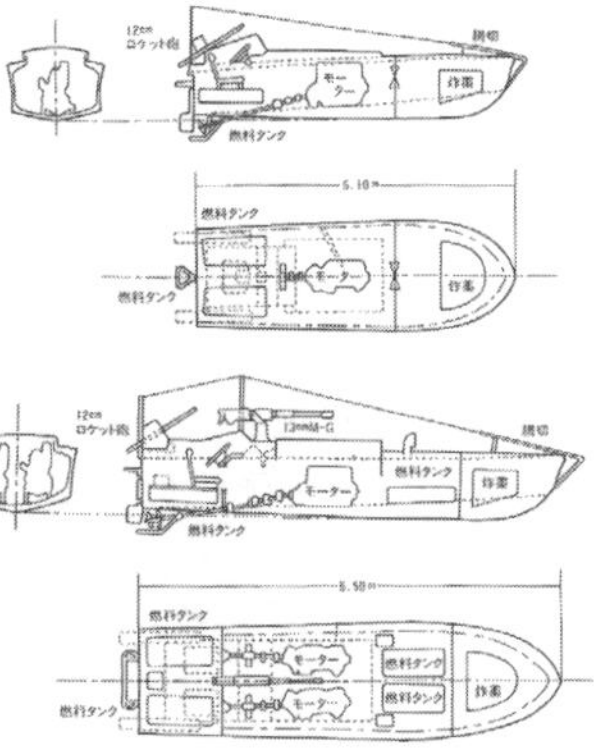

鹿児島県坊津（南さつま市）の記念碑

クローズアップ

地獄の比島《フィリピン》戦線

「敵空軍の攻撃は熾烈執拗を極めた。わが軍が隠れそうな地点は、所かまわず爆撃する。ガソリンタンクを投下して曳光弾で火を放つ、たちまち一山の松林を焼きはらう。たとえ堅固な防空壕に身を寄せても、ガソリンが流れ込むので逃げることはできない。昼夜を分かたぬ恐怖と緊張の連続で精神に異常を来す者が大勢現れた。若い兵隊に多かった。」

「歩けない病兵は置き去りにすることにした。せめて樹陰の下、水のある所を探して、そこに集めて残していく。死者の方は折角集めてきた認識票も川の中へ捨ててしまった。」

「食糧の窮乏は言語に絶し、栄養失調、殊に低蛋白のため、

私もひどくむくんできた。靴を脱いで一休みすると、また履く時に苦労であった。小さなトゲでも化膿して致命傷になる。靴の壊れた兵たちは底マメの化膿だけで死んでいった。」

「食えそうなものは何でも口に入れた。路傍には臀部の肉や大腿のえぐられた死体をみかけたし、朽木に巣くうムカデや密林から降ってくる山ヒルも腹の足しであった。」

「キノコの中毒で多数の兵たちが命を失った。いくら厳重に禁止しても、彼らはキノコを見つけるとむさぼり食べた。」


望月學著「憶い出の比島戦線」近代文藝社より

来襲した超空の要塞
B29爆撃機

11. 本土空襲

アメリカが猛攻撃を加えて日本からサイパン島を奪い取ったのは、日本本土空襲の戦略的拠点にするためだった。

アメリカが開戦とともに開発を急いだのが長距離爆撃機だった。ボーイング社が一九四二年九月に初飛行させたB29は、四発のエンジン、大きな機体に最大で九トンまでの爆弾を積むことができ、速い速度で、地上からの高射砲弾が届かない一万メートル以上の高高度を飛び、航続距離も最大六六〇〇キロと、従来の二倍という性能だった。また防御のため一三門もの機銃を備えていた。その前の同じ四発の爆撃機B17が「空の要塞」と呼ばれていたので、「超空の要塞」と呼ばれた。

東洋一の溶鉱炉をもっていた八幡製鉄所が狙われた

このB29はさらに改良が加えられて一九四四年三月から量産開始。訓練所も作られ、乗員の養成が急がれた。まず八三機が蒋介石軍の根拠地である中国四川省の成都へ飛んだ。

八幡製鉄所を空爆

そして一九四四年六月一五日、このうちの六三機が中国・成都から飛来、北九州の八幡製鉄所を爆撃した。日本の被害は少なく、撃墜した七機の機体から日本は初めてB29の存在を確認した。この八幡への空襲は、直前に行われた連合軍のノルマンディ上陸と合わせてアメリカ国内で大々的に報道された。

アメリカはこのB29で、日本の七大都市に対して、マスタードやホスゲンを使った毒ガス攻撃を計画していた時期もあった（アメリカは一九四二年四月にこの計画を作成した）。

一九四四年七月から八月にかけて、米軍はマリアナ諸島のサイパン・グアム・テニアンなどを奪取、一〇月までに長い滑走路を持つ基地五か所を完成させる。これを待っていたB29が、次々にハワイ、クェゼリン経由でこれらの基地に集結した。

サイパンからの空襲開始

一九四四年一一月二四日、B29一一一機がそれぞれ二・五トンの爆弾を積んでマリアナから日本本土への初めての本格空襲を行った。このときは日本側の被害はほとんどなかった。アメリカ側の記録によると、これを手始めに一一月二九日に東京へ二九機、一二月一三日、名古屋に七五機というように、B29は二か月間に一三回の出撃している。そして中国成都からでは日本への十分な攻撃ができないとして、中国・成都にいたB29をマリアナ諸島に合流させている。

年の暮れ、一二月二七日にも、七二機が東京の中島飛行機武蔵野製作所を空襲した。このとき、命中したのはわずかに六発だった。高高度からの爆撃は、とくに冬場に多い雲にさえぎられて目標が見えないような天気には不向きだったのだ。

「日本はいつも天気が悪く、嵐が吹き荒れている」。B29乗員の証言である。やがて彼らは、日本上空には西から東に風速一〇〇メートルのジェット気流が流れているのを知る。

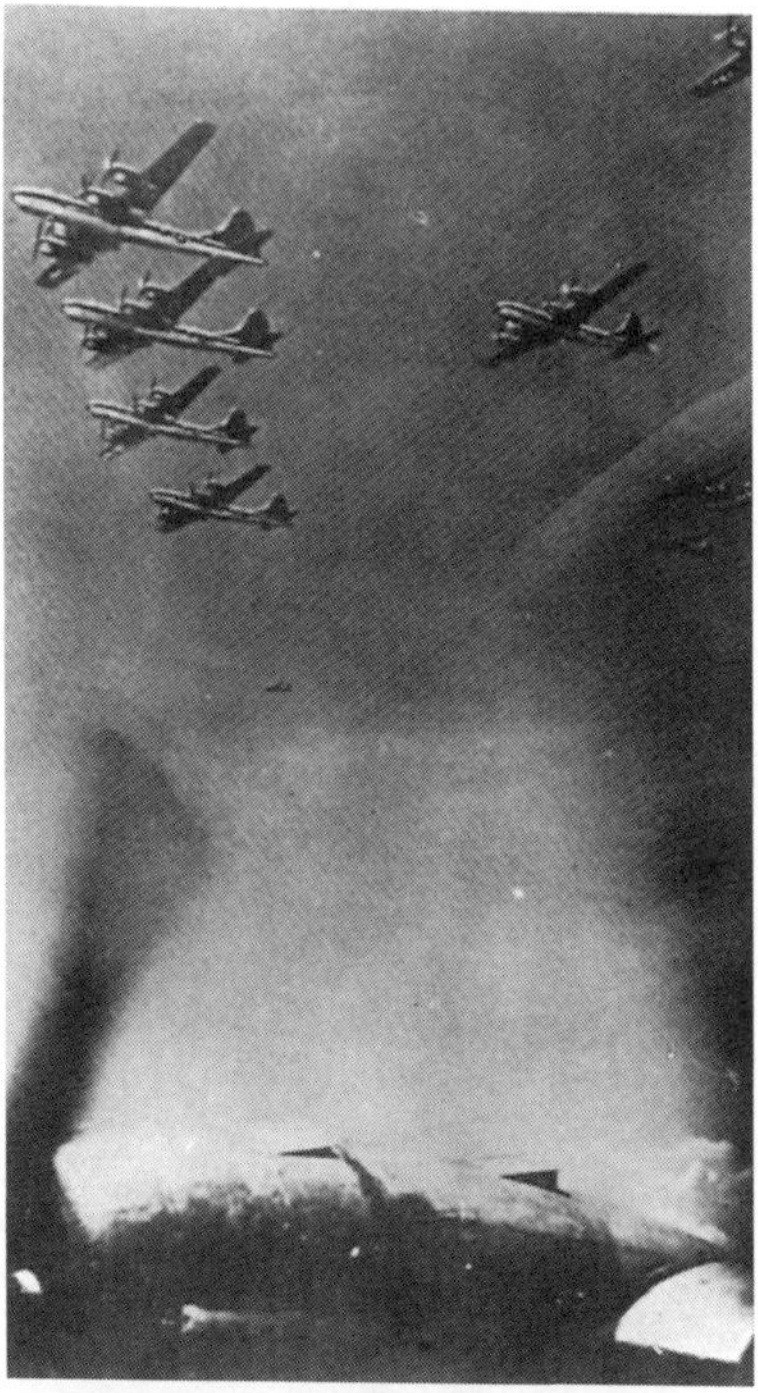
グアム基地を飛び立つB29

本土決戦に備えて訓練する女性たち

クローズアップ

カーティス・ルメイ

カーティス・ルメイ(1906〜1990)は、日本本土焦土化作戦を指揮した、当時のアメリカ陸軍航空軍の指揮官だ。戦闘機パイロットから爆撃機のパイロットになり、ドイツの都市への空爆を指揮していた。

その手腕が認められて、効果が上がらないB29による日本空襲の指揮官に任命されたのだ。

中国成都での勤務を経てサイパン島にやってきたルメイは、パイロットとしての実務経験から、それまでの、狙った標的をめがけての爆撃ではなく、「無差別爆撃」という、とんでもない方法を編み出した。その性格は好

カーティス・ルメイ

戦的で、残忍とも言われている。

　戦後の１９４７年９月、日本本土への空襲のめざましい実績が評価されて、陸軍の一部門だった航空軍は、晴れて「空軍」として独立、陸軍、海軍と肩を並べることになった。ルメイは、朝鮮戦争、ベトナム戦争でも空爆を指揮した。「ベトナムを石器時代に戻してやる」と豪語していたという。

　こうしてルメイは大将となり、空軍ナンバー２の空軍参謀総長にまで出世する。

　そして１９６４年12月、なんと、日本を訪れたルメイに日本政府から最高の勲章、勲一等旭日大綬章が授与された。日本の航空自衛隊の育成に協力したという理由だった。

1964年12月4日、当時の内閣総理大臣、佐藤栄作は閣議でルメイへの最高の勲章授与を決定した

カーティス・ルメイ

新司令官ルメイ

一九四五年一月、日本空襲がいっこうに効果を挙げないことに陸軍航空軍のヘンリー・アーノルド司令官が怒り、ハンセル准将を更迭、新しい司令官にドイツの都市への爆撃で実績のあるカーティス・ルメイ少将を任命した。ルメイは当時、三八歳、最年少の少将だった。ルメイは、高高度から軍需工場を精密爆撃するよりは、都市全体を焦土化する無差別空襲へと戦術を転換。「街中には小さな町工場も混じっている」と都市への空爆を正当化する。

焼夷弾の開発

一九四二年には、都市攻撃のための新しい焼夷弾が開発されていた。アメリカ・ユタ州に実験のための日本式木造

焼夷弾を投下するB29

右ページ左の写真は、アメリカ・ユタ州で行われた焼夷弾実験のようす

密集家屋を建て、焼夷弾を投下して効果を試している。その結果、採用されたのが「M69小型焼夷弾」だった。

　この焼夷弾は、ガソリンなどのナパームにマグネシウムを加えた直径七・六センチ、長さ五一センチの鋼製六角形のパイプの子爆弾一九発二段を金属の帯で束ねたクラスター爆弾で、地上に近づくと散らばって広域を焼き払うのだ。

夜間、低空で狙え

ルメイは命じた。「高高度からではなく、雲の下、低空で目標を正確にねらえ」と。日本は対空砲火が少なく、迎撃してくる戦闘機も日増しに少なくなっていた。低空飛行はジェット気流の影響も受けず、燃料を節約でき、その分、多くの爆弾を積める。しかし乗員の安全を考えて空襲は昼間ではなく夜間に、攻撃の際は、編隊ではなく、一機ずつ縦に順番に

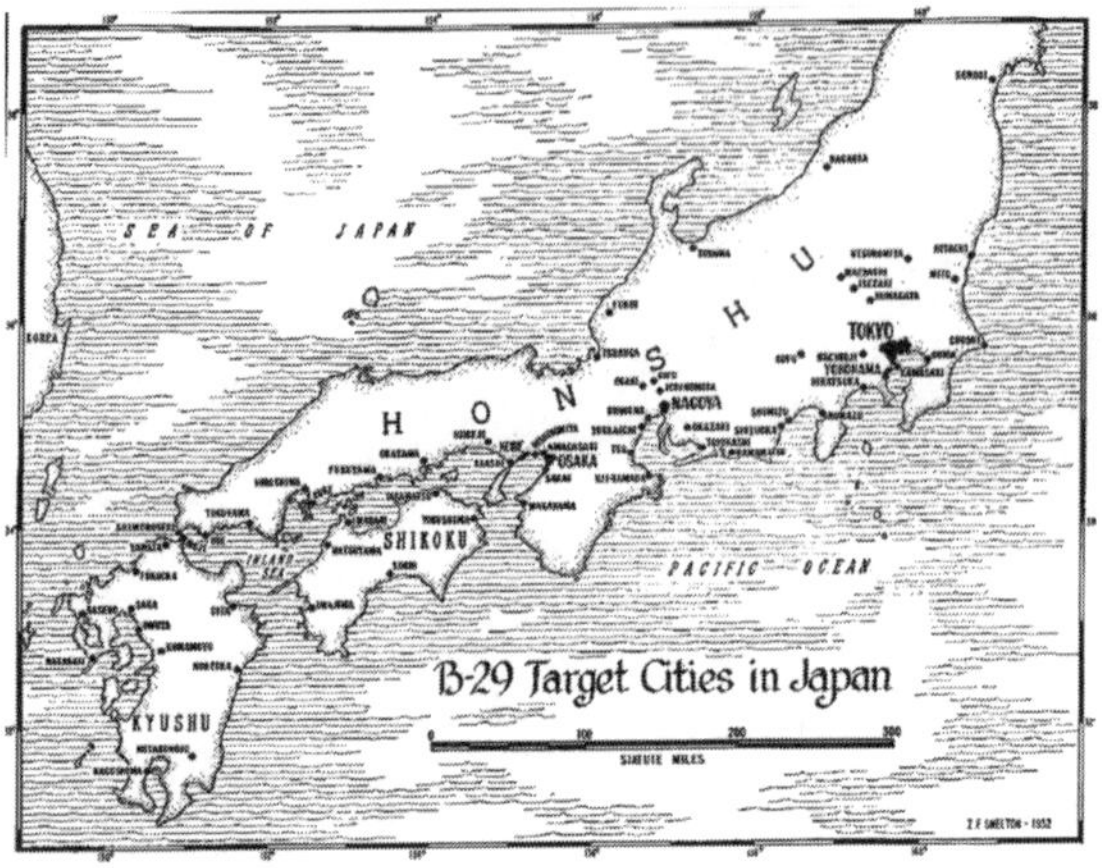

B-29の標的都市

目標に近づき、最初の機が起こした火災を目印に爆撃する戦法となった。

こうして八か月間に及ぶ全面的日本本土空襲が始まった。ルメイは、「日本は中国重慶で無差別爆撃を繰り返し、市民四〇〇〇人を殺した。だからこれはその報復である」と主張し日本本土空襲を正当化した。

ルメイは、中国成都にいた一九四四年一二月一八日、日本の占領地で民間人も居住していた漢口（現・武漢市の一部）を爆撃。B29で焼夷弾を使った最初の爆撃だった。この爆撃によって市街地の半分が焼けた。火は三日間にわたって燃え続け住民二万人が殺された。

硫黄島に上陸するアメリカ軍

12. 硫黄島の戦い

一九四五年二月一九日、四五〇隻もの米機動部隊が、東京の南一二五〇キロにある硫黄島を取り囲んだ。空母一六隻、戦艦八隻、巡洋艦一五隻、駆逐艦七七隻の大陣容。ここは東京都に属する純然たる日本国土である。

そして空爆、艦砲射撃に続いて、海兵隊三万一千人が上陸。四日後、摺鉢山《すりばちやま》に五人の海兵隊員が星条旗を立てる写真は、アメリカ各紙を飾り、国民を喜ばせた。

守る日本側は陸海二万一〇〇〇人が地下陣地で抵抗した。しかし次第に追い詰められた日本軍は、三月二四日、最後の四〇〇人が敵陣めがけて「バンザイ突撃」をして戦いは終わっ

（右）摺鉢山上空の米軍機アベンジャー

摺鉢山頂上でアメリカ国旗を掲げる米兵

た。栗林忠道中将以下二万人全員が玉砕したとされたが、一〇〇〇人強が捕虜となっていた。捕虜になることは、日本では認められていなかった。

　米軍側は戦死者八〇〇〇人、負傷者二万一八〇〇人、死傷者合計数は、初めて米軍側が日本側を上回った。硫黄島での闘いは、太平洋戦争屈指の激戦だった。

　東京とサイパンとのほぼ中間にある硫黄島は、サイパンから日本空襲に往復するB29爆撃機の大編隊を護衛する基地になるとともに、損傷、故障したB29の緊急着陸などが可能になり、米軍にとって価値のある拠点となった。

クローズアップ

脱走者をかくまった家族（登別市・間瀬年一さんの手記より）

1942（昭和17）年11月末の寒い夜。阿寒村（現北海道釧路市阿寒町）の家に、父が見知らぬ青年を担ぎこんできた。近くの畑に小さなたき火が見えて不審に思い、近づいたところ、数人が走り去り、動けなかった一人を連れてきたのだ。青年は朝鮮の人で名前は福山正確という。創氏改名でつけた名前だろう。人手が足りない日本で働くため、朝鮮から兄と二人で貨車に乗せられてやって来た。北海道に入って兄が降ろされ、青年は雄別炭鉱に着いて働いていたという。彼の兄が降ろされたのは美唄炭鉱ではないかと父が言っていた。青年は疲れていたのか、ストーブのそばで毛布をかぶせられるとすぐ眠ってしまった。

翌朝、不安と恐怖に怯《おび》える彼の姿が痛々しかった。誰かが玄関の戸を開けただけで震えていた。仕事は厳しく、毎日のように遺体が運び出されてくるので、どうせ死ぬなら少しでも故国に近づきたいと仲間と脱走したという。

数日後、噂を聞いたのか、駐在さんがやってきて彼の引き渡しを求めた。父は「おれの家族だから渡さない」と拒否。父の性格を知っていた駐在さんは、それ以上は求めず、時々様子を見に来るだけだった。その後、近所の人は脱走者を見つけるとわが家に連れてくるようになった。

1945年春、青年は故郷の朝鮮に帰ることになった。20歳になり日本兵として兵役に就くためだ。母は帰国する青年に、出征した長男の国民服を着せた。

しばらくして弟と一緒に写った写真が朝鮮から送られてきた。母は「福山さんは誠実な人だから服は送り返してくる」と言っていたが、結局、服は戻ってこなかった。「こんなご時世だから、日本のどこかで消えたんだよ」とみんなに言い聞かせていた。日本の軍人として戦地に送られた福山さんが、たとえ生きて終戦を迎えたとしても、その後の朝鮮戦争でどうなったか、消息はわからない。

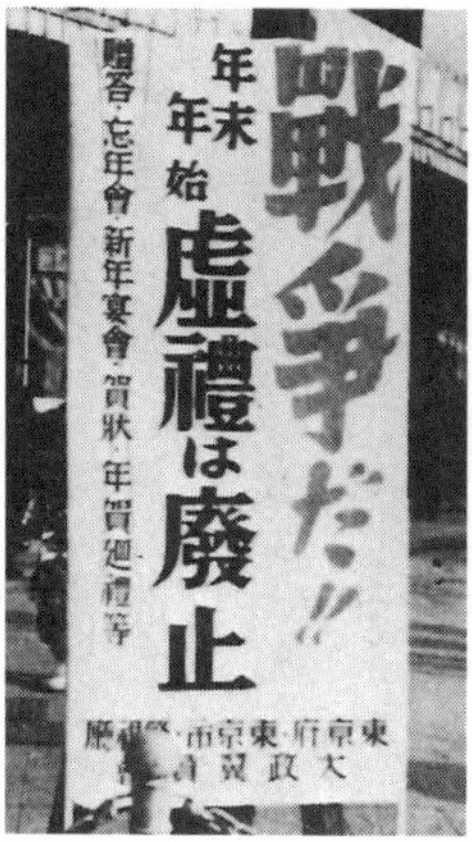

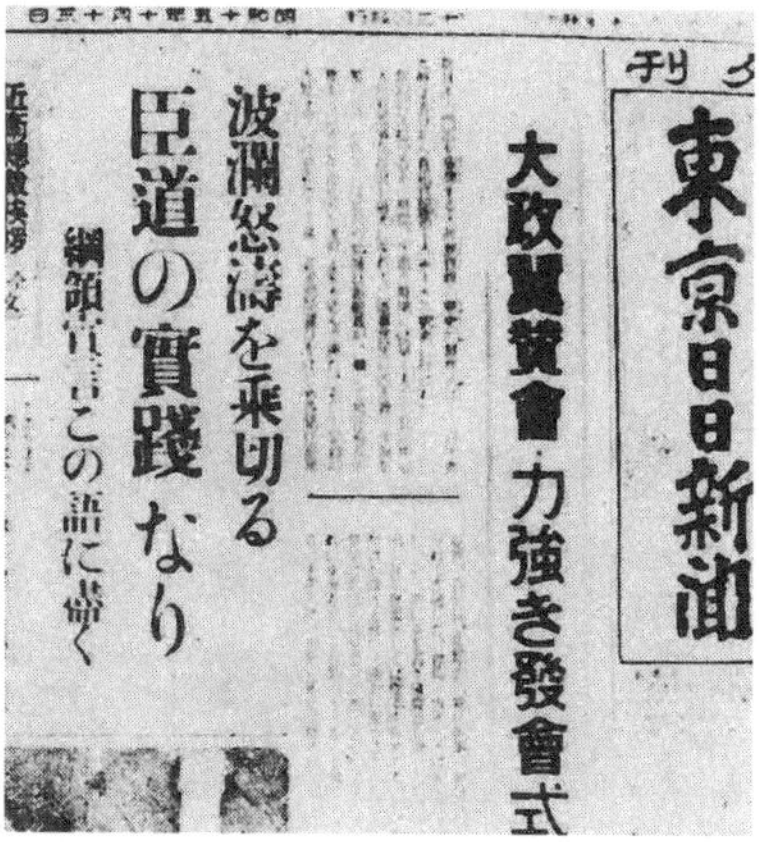

13. 戦時下の国民生活

戦時下の個人生活を束縛したのが「隣組」だ。全戸の加入が強制され、上意下達の組織として機能した。食料をはじめ生活物資の配給性が広がると存在感が高まった。この時代、自由な言論、自由な政治活動は許されなかった。隣組は相互監視の役割も担い、戦争体制に批判的な意見を持つ人は報告され逮捕されて刑務所に収容された。

「欲しがりません、勝つまでは！」

大政翼賛会と大手新聞社が募った標語だ。女性のヘアスタイル「パーマネント（ウェーブ）」は禁止され、男性は薄茶色の国防服の戦闘帽、女性はモンペに白いエプロン姿が一般的になった。

女子勤労奉仕

小学校は国民学校に名前が変えられ、ジャズは「敵性音楽」とされて禁止された。
戦況が悪化すると、バケツを使った消火リレーの防火訓練や上陸してくる敵を倒すための竹槍訓練が行われた。これらの担い手は女性と年寄りだった。兵器にするために金属回収令が出され、銅像や寺の鐘までも供出された。
街ではエプロン姿の主婦が、出征兵士が身に着ける「千人針」を作るため、道行く人に一針ずつ縫ってもらい、兵士の「武運長久」を祈った。日の丸に多くの人が名前を書きこむ寄せ書きも行われた。
高等女学校の生徒も勤労奉仕に駆り出され、工場で飛行機の部品作りなどをした。コメの配給は成人男子一人一日二合二勺（三三〇グラム）だった。

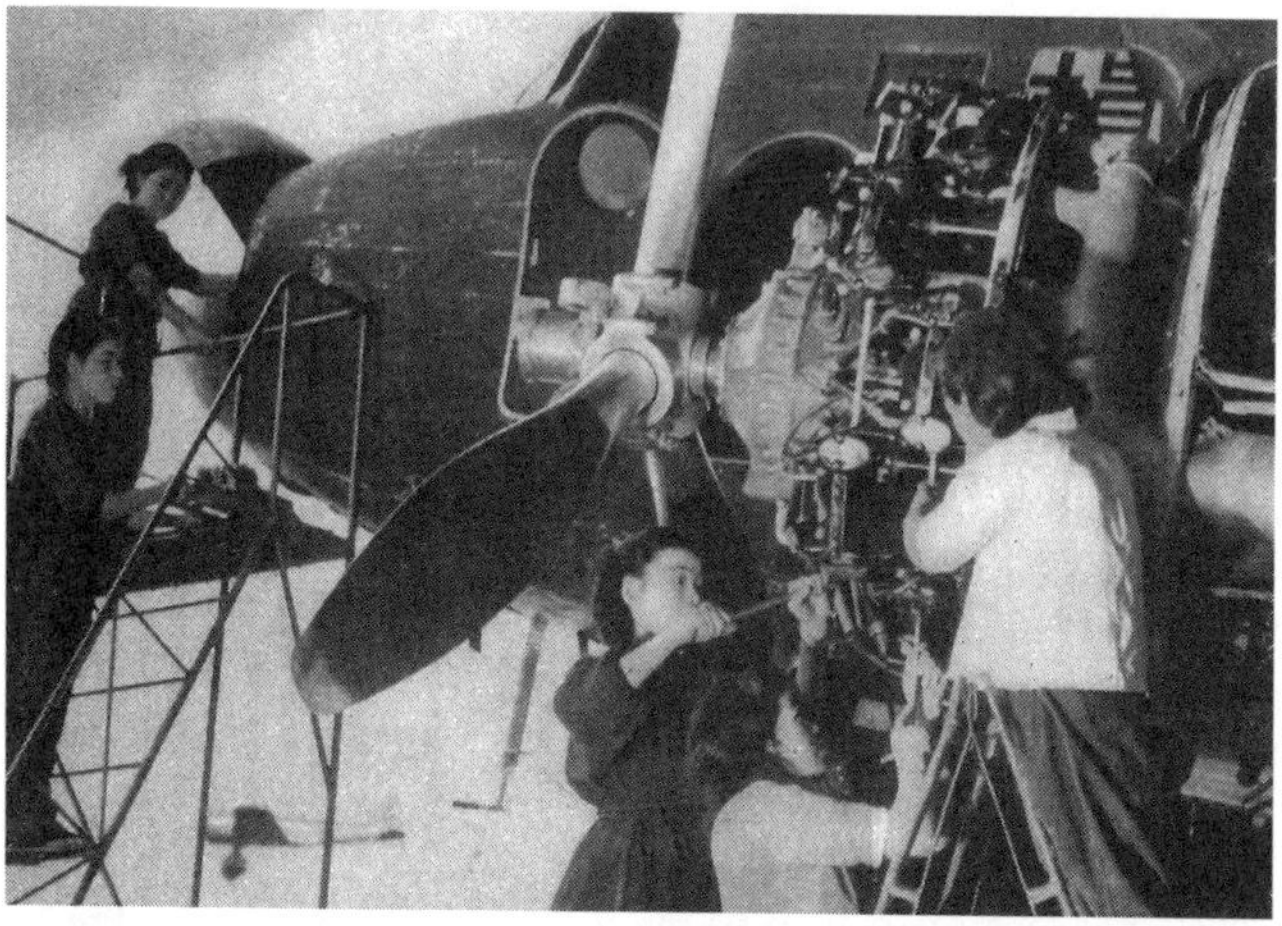

女子も飛行機の整備をおこなった（上）

街中の道路も畑にして食料を調達した（左）

防空頭巾をかぶって防空壕に入る子ども（右）

女子勤労奉仕

上陸前にロケット弾を発射するアメリカの軍艦

14. 沖縄地上戦

沖縄戦は、多数の県民を巻き込み犠牲にした、唯一の、日本国内で展開された地上戦だ。壮絶で残虐な地上戦が展開された。沖縄戦は次の段階と考えられた本土決戦の準備のための時間稼ぎだった。沖縄は本土防衛のための捨て石にされたのだった。日本軍はその間に九州南部などで米軍上陸阻止の準備を進めた。

大機動部隊で沖縄を取り囲んだ米軍は、一九四五年三月二六日、まず沖縄本島西側の慶良間《けらま》諸島に上陸。次いで四月一日、那覇の北側の読谷と嘉手納《かでな》に上陸する。そこには飛行場が二つあったが、米軍はそこから南北に分かれて日本軍を制圧しようとした。

上陸に際しては、「鉄の暴風が吹き荒れた」と表現される、地形が変わるほどの空襲と艦砲射撃、圧倒的な火力と兵力で、抵抗する日本軍に迫った。

沖縄に上陸するアメリカ軍

日本軍捨て身の攻撃

これに対して日本軍も捨て身の攻撃を行った。フィリピンで多くの特攻攻撃を経験していた米海軍は、空母を守るために、特攻機の来襲を察知するレーダーを備えた駆逐艦を多数配置したが、その駆逐艦が多数損害を受けた。日本の特攻攻撃で沈没した米海軍の艦船三六隻、損傷三六八隻、失った航空機は七六八機にのぼった。第二次大戦中、最大の損害だった。米軍は慶良間諸島沖に作業用の船を置いて損傷した艦船の応急修理にあたったが、ハワイや米本土に回送しなければならない場合が多かったという。

炎上する民家

住民のいる洞窟にも火炎放射

米軍は上陸に先駆けロケット砲の雨、ガマと呼ばれる洞窟に向けて火炎放射器で火を噴きこんだ。洞窟には民間人も多数避難していた。そこにも容赦なく火炎放射器は向けられた。洞窟では、子どもの泣き声が外にもれると襲撃されるとして、泣く子を殺すこともあったという。米軍に捕まりたくないとして住民の集団自決も数多く行われた。全土が戦場となり、民間人の犠牲者は数え切れなかった。

五月下旬、日本軍守備隊は、首里の司令部を捨てて島の南部に撤退。住民も南部へ。そこへ米軍は容赦なく砲弾を撃ち込む。一四歳以上の男子は「鉄血勤皇隊」として陸軍兵士となる。沖縄女子師範学校の女生徒による看護のひめゆり学徒隊二二七人も犠牲になった。

洞窟に火炎放射するアメリカの戦車

住民が避難したガマに日本兵が一人、二人といたため、全員が犠牲になることもあった。集団自決もあちこちであった。現在は平和記念公園となっている南端の摩文仁《まぶに》の丘にも、海から容赦なく艦砲射撃が撃ち込まれた。ガマなどに隠れている人たちに対して、米軍に捕まったあと白旗を掲げて、ガマから出て投降するように呼び掛けてきた日本兵が、ガマにいた日本兵に日本刀で首を切り落とされた。こうしたなかで、轟《とどろき》壕という穴では、住民六〇〇人が救出された。

沖縄に向かう途中の戦艦「大和」も、四月七日、米攻撃機の格好の標的となり撃沈された。戦艦大和が呉から沖縄に出撃するとき、乗っていた連合艦隊司令長官の伊藤整一は、山口県徳山沖で、海軍兵学校を卒業したばかりの士官七三名に退艦命令を発して、若い命を救った。このことは、あまり知られていない。

「後世、格別の配慮を！」

六月一三日、現地の海軍部隊の指揮官、太田実少将は自決に際して、「沖縄県民かく戦えり。後世、格別のご高配をたまわらんことを！」と、海軍省に打電した。

六月二三日、司令官の牛島満中将が自決して、沖縄の組織的抵抗は終わった。

この戦いでは、一八万八一三六人が亡くなったとされる。このうち沖縄県民が半数の九万四〇〇〇人にのぼった。県民四人に一人が尊い命を失ったことになる。沖縄は本土防衛の犠牲となったのだ。命を落とした日本兵の中では、沖縄出身者に次いで、北海道出身者が一万八〇六人と多かった。沖縄戦に備えて満州から移駐してきた陸軍第二四師団の中に北海道出身者が多かったからとされている。

一方、米軍の戦死者も一万二五〇〇人にのぼった。

摩文仁の丘に一九九五年に作られた慰霊碑「平和の礎《いしじ》」には、二四万人を超える犠牲者の名前が刻み込まれている。高さ一・五メートルのこの慰霊碑は総延長が二・二キロに及ぶ。国籍、軍人、民間人を問わず、船に乗っていて命を失った人、満州事変までさかのぼっての犠牲者の名前が並んでいる。アメリカ兵の名も刻まれている。沖縄からは中南米やハワイ、南洋諸島に多くの人が移住していたが、激戦地となったサイパン島やテニアン島では数多くの移住者が戦争の犠牲になった。こうした人たちも戦争犠牲者として、ここに刻銘されており、新たに判明した犠牲者の名が年々追加されている。

沖縄には地上戦の直後から大規模な米軍基地が建設された。そして日本と連合国との間にサンフランシスコ平和条約が締結された後も、沖縄は引き続き米軍の軍政下に置かれ、日本に復帰した現在も、日本にある米軍基地の七〇％以上が沖縄に存在する。こうしたなか米軍基地を移転拡張するための辺野古海岸の埋め立てに、沖縄戦で亡くなった人たちの遺骨が眠る南部の土砂を日本政府が使おうとしていることに対して、沖縄の人たちから反対の声があがっている。基地の島、沖縄の問題はいまも続いている。

クローズアップ

「対馬丸《つしままる》」の悲劇

1944年8月22日の夜、那覇から長崎に向かった学童疎開の児童らを乗せた貨物船「対馬丸」6754トンが、鹿児島県トカラ列島沖で、米潜水艦ボーフィンの魚雷攻撃を受け沈没した。本土に疎開する那覇国民学校の児童ら1788人が乗っていた。このうち1484人が命を失った。

サイパン島にアメリカ軍が上陸して沖縄での戦闘が迫っていたため、政府が沖縄県知事に対して10万人を本土に疎開させるよう命令を出していた。「対馬丸」は、学童を乗せたほかの2隻の貨物船、小型駆逐艦1隻、砲艦

1隻とともに、那覇を出発した。

2日目の夜10時過ぎ、「対馬丸」に魚雷3発が命中した。学童や先生、父母らは船倉にいたが、海水が流れ込んで階段が使えず、甲板に通じる縄ばしごも登れなかった。甲板にたどりついても高い舷側から恐怖で海に飛びこめない子どももいた。

こうして「対馬丸」は11分後に沈没した。ほかの4隻は、海に投げだされた子どもたちを救助せずに全速力で現場を離れた。

この悲劇は終戦まで秘密にされていた。

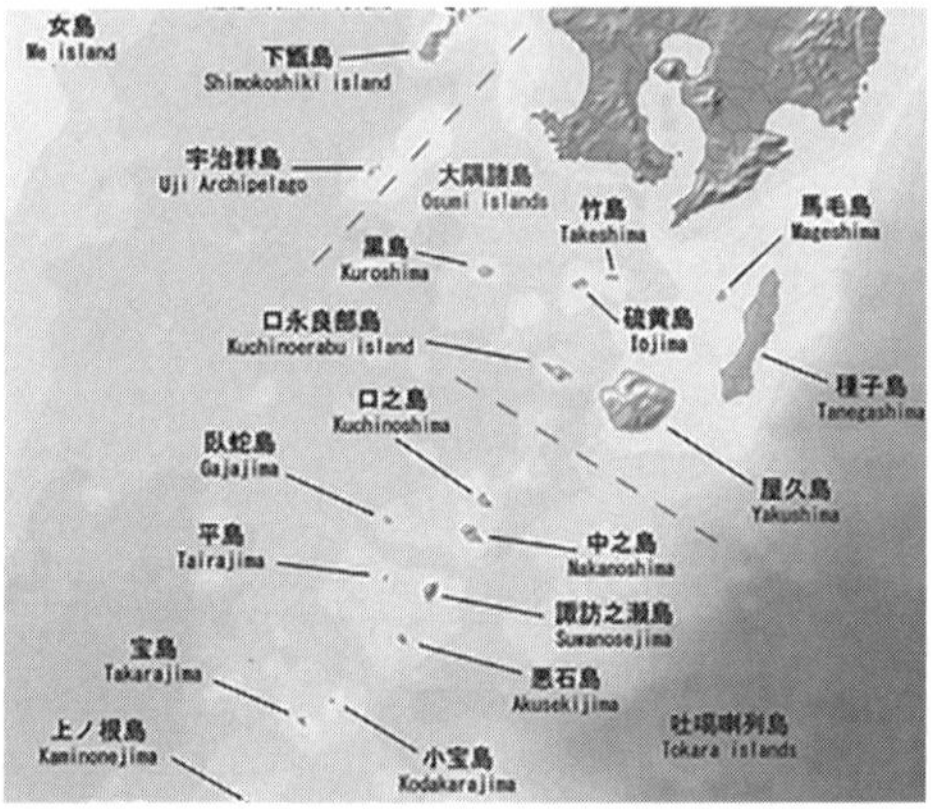

15. 日本焦土化作戦

東京大空襲で死者一〇万人

一九四五年三月一〇日夜、東京は三三四機のＢ29による二時間半にわたる大空襲を受けた。下町一帯に落とされた焼夷弾《しょういだん》は、合わせて二五万発、一六〇〇トン。一〇万人が焼け死に、四〇万人が負傷、二六万八〇〇〇戸が焼けて一〇〇万人が家を失った。この残酷な東京大空襲は、アメリカによる無差別都市爆撃の本格的開始の合図だった。

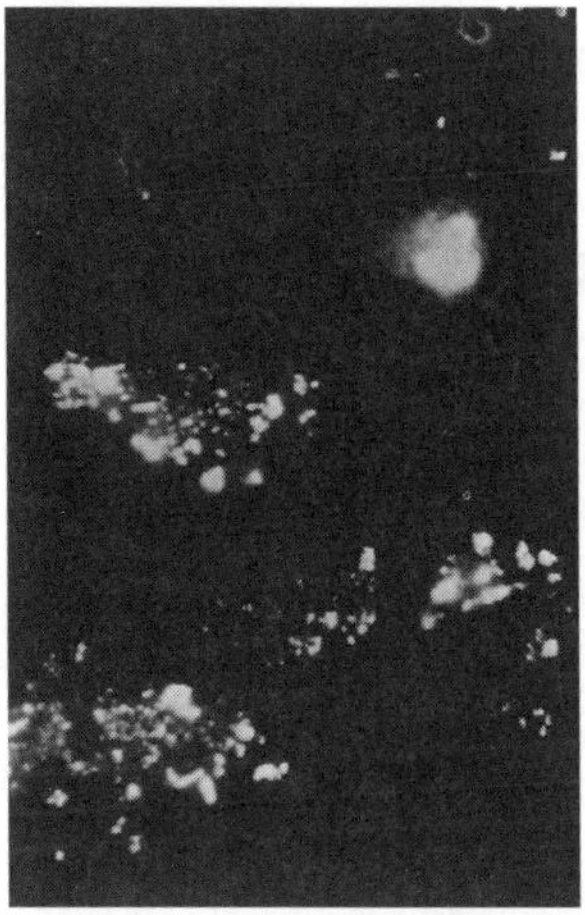
大空襲は１回目も２回目も夜だった

このあと三月一三日夜には大阪大空襲があった。一三日深夜から翌一四日未明にかけて、マリアナから二七四機が飛来、三時間半にわたって、大阪の中心部を取り囲む木造住宅密集地に二〇〇〇メートルの低空から焼夷弾を投下した。

この空襲で四六六五人が死亡または行方不明になった。この二回の大空襲で、マリアナ諸島の基地に貯蔵していた焼夷弾は、一時、底をついた。このため六月にかけては、爆弾攻撃に切り替えたという。

Ｂ29の乗員は、二人のパイロットを含む一一人。出撃前に興奮剤を飲まされていた。マリアナから日本上空を三〇回（後に三六回）往復すると、任務完了となり帰国できた。

日本政府は空襲を避けて長野市松代《まつしろ》の地下に大本営（陸海軍を指揮する中枢）を掘り始めた。朝鮮人の強制労働だったとされる。総延長五・九キロの地下壕はいま一部が公開されている。軍の大本営だけでなく、政府機関や天皇の御座所も移設する予定だった。沖縄戦はこの松代大本営建設の時間稼ぎだったといわれている。

P51 ムスタング

硫黄島から戦闘機

米軍はサイパンより日本本土に近い硫黄島で、滑走路を使えるようになった。東京大空襲直後の三月一五日からである。ここは多数のＢ29を収容するには適さないため、米軍はＢ29については緊急時用の飛行場とし、Ｂ29を護衛する戦闘機、Ｐ51戦闘機一〇〇機以上を配置した。Ｐ51ムスタングはノースアメリカン社製、プロペラ単発だが、当時最速に近い時速七〇〇キロ、航続距離が長く、高高度にも上昇できて大戦中に一万六七〇〇機が製造された。これがＢ29を護衛して残り少なくなった日本の迎撃戦闘機を打ち落とした。しばらくすると、日本は制空権までも完全に失ってしまった。

こうして護衛の任務がほとんどなくなったＰ51部隊は、新たな任務として、地上への低空攻撃を始めた。日本全国の空軍基地、港湾、工場を、はっきり肉眼で確かめながら爆弾を投下し徹底的に破壊した。七月に入ると、鉄道を重点的にねらい、一六〇〇か所を破壊した。

「戦闘機は臨機応変に目標を変更してもよい。地上で動くものはすべて攻撃せよ」という命令が出されていた。こうして地方都市での機銃掃射が繰り返された。戦闘機の機銃には引き金を引くと同時にカメラが回って映像を記録する装置が取り付けられていたが、学校や漁船など手当たり次第に撃っている様子が映像として残されている。

16. 原爆投下

そして悪魔の兵器の登場となった。原子爆弾の投下である。

終戦間近の一九四五年八月六日、広島にウラン原爆、八月九日、長崎にプルトニューム原爆が落とされた。いずれもマリアナ基地から飛び立ったB29によるものだった。その年の暮れまでに広島で一四万人、長崎で七万四〇〇〇人が亡くなった。被爆者はその後も身体と心の痛みに苦しんだ。

アメリカ合衆国連邦政府の公式説明では、「原爆投下によって、一日も早く戦争を終わらせ、一〇〇万もの米軍兵士の生命を救うためだった」と弁解しているが、これは大ウソである。アメリカは戦後世界のヘゲモニーを握るために、世界に向けて究極の新兵器を保持していることを誇示したのだ。

資源のない日本は、すでに、これ以上は戦争を続けられない状態となっていた。そこにさらに原爆を投下する軍事的必要性はなかった。アメリカは、日本を新兵器の展示場として使ったのだった。

長崎のキノコ雲

広島のキノコ雲

原爆投下後の長崎

原爆投下後の広島

長崎に投下されたファットマン

広島に投下されたリトルボーイ

長崎は、日本でも数少ないキリスト教カトリック信者の街だ。アメリカ人は基本的にはプロテスタント信仰とは言え、これを見ても信仰を尊ぶという観点は、アメリカ政府も軍部もまったく持たなかったことがわかる。徳川幕府がキリスト教を厳しく禁じていたときも、「隠れキリシタン」として密かに信仰を守ってきた土地。明治になって名乗り出た信者たちは、明治政府の弾圧で岡山などに隔離されるが、欧米の抗議によって長崎に戻され、信者たちが建てたのが浦上天主堂だった。アメリカは、日本カトリックの拠点である、この天主堂のほぼ真上に原爆を投下したのだった。

ローマ教皇庁は、「残虐非道であり、キリスト教文明と道徳律に対する前例のない打撃である」と、強く非難した。

「マンハッタン計画」と呼ばれた原子爆弾開発は、ルーズベルト大統領がＯＫを出し、ロバート・オッペンハイマーをはじめ多数の科学者が四年がかりで取り組み、終戦直前の一九四五年七月に完成した。そして、その破壊的な威力はニューメキシコ州の砂漠で実験されていて確認済みだった。

投下を予定していたドイツが降伏したので、日本に対して使い、世界にその威力を示すことになった。その威力をはっきり見せるために、わざと大規模な空襲をひかえ市街地をほぼそのままに残してきた都市があった。京都、新潟、小倉（現北九州市）、長崎などだ。

米軍は同じ四・七トンの重さの模擬爆弾、パンプキン爆弾を多数作って日本各地に四九発を投下し、投下練習を重ねた。

京都は三番目の予定地だった

戦後、ＧＨＱ（＝連合軍総司令部）の「貴重な文化財を守るために、京都・奈良は空襲しなかった」との宣伝を信じさせられたが、これはまったくのウソだったことがわかっている。京都は広島、長崎に次ぐ三番目の原爆投下予定地だった。奈良は街が小さく、軍事目標がなかったからだった。広島、長崎への原木投下を命じたトルーマン大統領は、もし古都・京都を焦土化すると、戦後、日本国民の心はソビエトのほうに傾くおそれがあると考え、三発目以降の原爆投下の中止命令を出したとも言われる。

日本との国境を越えて進撃するソビエト軍

17. ソ連の参戦

終戦直前の一九四五年八月八日、ソビエト連邦は突然、日本に対して宣戦を布告し、八月九日未明から満州への進撃を始めた。ソ連は一九四一年に日本との間に締結した「日ソ中立条約」を延長しないと、一九四五年の四月になって日本に通告してきたが、通告後一年間は、まだその効力は続くと考えられていた。したがってソ連の侵攻はまさに国際条約違反だった。

ソ連は、一九四五年二月のヤルタ会談でアメリカ・イギリスとの間で、太平洋戦争に参戦すると約束していたので、この約束を果たしたことにはなる。だが、日本がポツダム宣言を受諾する直前という、まさに漁夫の利をつかむタイミングだった。

ソ聯・帝國に宣戰

滿ソ國境二正面に

越境・攻撃を開始

少數機朝鮮（北部）北滿に來襲

大本營發表（昭和二十年八月九日十七時）一、八月九日零時頃より「ソ」聯軍の一部は東部及西部滿「ソ」國境を越え攻撃を開始し又其の航空部隊の各少數機は同時頃より北滿及朝鮮北部の一部に分散來襲せり

二、所在の日滿兩軍は自衞の爲之を邀へ目下交戰中なり

關東軍發表（昭和二十年八月九日三時三十分）ソ軍は八月九日零時 不法にもわが方に對し東部正面において地上攻撃を開始 に各少數機をもつて滿内要地の爆撃を開始せり

日滿兩軍協力、邀撃中

ソビエト軍が満州との国境を越えたことを報じる新聞

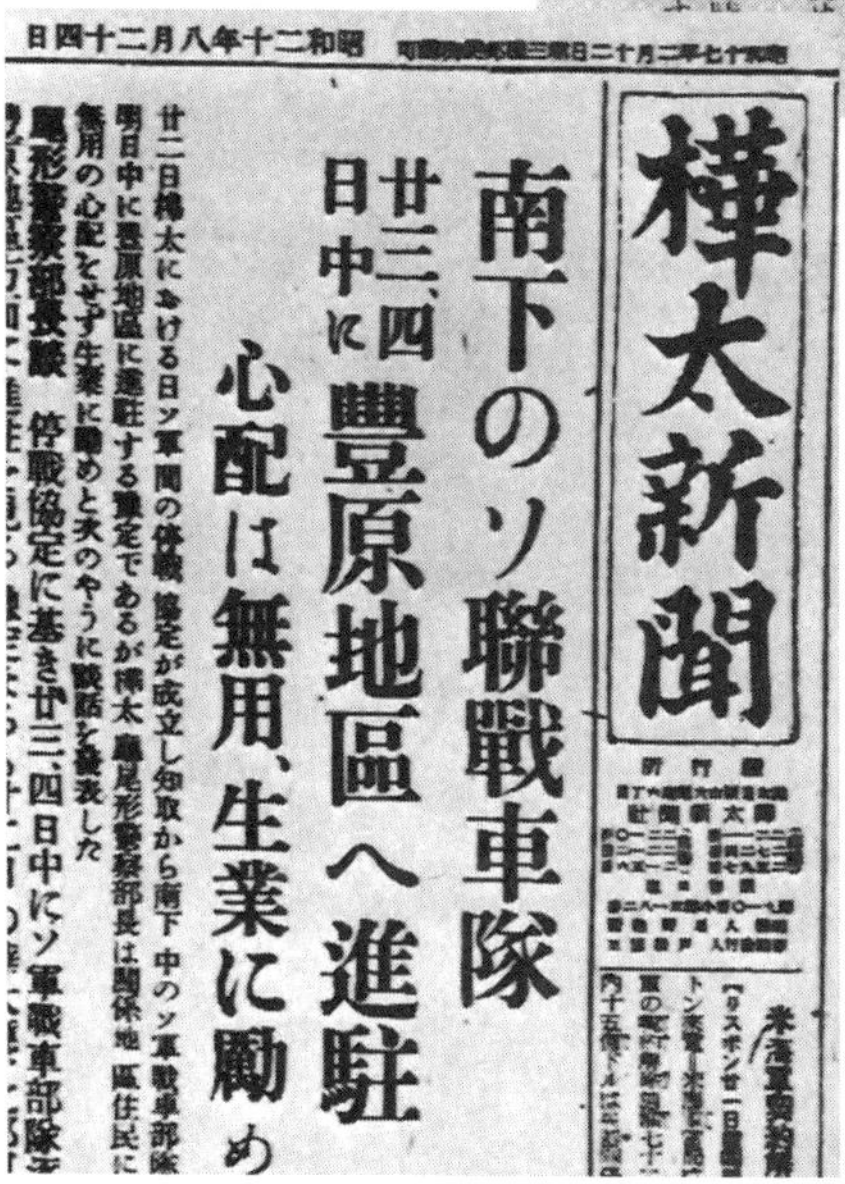
昭和二十年八月二十四日

樺太新聞

南下のソ聯戰車隊

廿三、四日中に豐原地區へ進駐

心配は無用、生業に勵め

廿二日樺太における日ソ軍間の停戰協定が成立し知取から南下中のソ軍戰車部隊は明日中に豐原地區に進駐する豫定であるが樺太廳尾形警察部長は關係地區住民に無用の心配をせず生業に勵めと次のやうに談話を發表した

尾形警察部長談　停戰協定に基き廿三、四日中にソ軍戰車部隊

ソビエト軍の樺太進駐を報じる8月24日付の新聞はまだ危機を伝えていない

クローズアップ

ヤルタ会談

1945年2月4日から11日にかけて、当時、ソ連のクリミア半島南端のヤルタで米英ソ首脳による会談が行われ、第2次大戦の戦後処理について話し合った。会場はロシア最後の皇帝ニコライ2世の別荘だった。

この直前の1月末から2月3日にかけて、アメリカのルーズベルト大統領とイギリスのチャーチル首相が、地中海のマルタ島で事前打ち合わせをしており、ヤルタではスターリンが加わった。

この三者会談では、米英がソ連に対日参戦を要請。その代償として、ソ連が日本領の南樺太、千島列島を取り、満州でのソ連の権益も保証した。

こうして、米ソの間で「ヤルタ秘密協定」が結ばれた。内容はドイツ敗戦から90日後にソ連が日本に侵攻する。90日後というのは、ソ連軍がヨーロッパ戦線からシベリヤ鉄道で極東に移動する時間を計算したものだった。またその前にソ連は日本との間で結んでいる日ソ中立条約を一方的に破棄する。

朝鮮半島と台湾の扱いも決め、戦後は国連を設立して、米英仏ソ中の5か国が常任理事国として拒否権を持つことなどだった。

この協定にもとづいて、ソ連は4月、日本に対して日ソ中立条約の破棄を通告する。破棄しても1年間はまだ効力があるとされていたが、ソ連はこれを無視して8月8日、日本の領土に侵攻した。

この会談に出席したルーズベルトは、病状が進んで4月12日に息をひきとった。ドイツは、ヒトラーが4月30日に自殺し、5月7日に降伏した

左からチャーチル、
ルーズベルト、
スターリン

降伏の後も攻撃は続けられた

ソ連軍は満州だけでなく、内モンゴル、朝鮮北部、南樺太（現サハリン）、千島列島でもいっせいに侵攻してきた。そして八月一五日から実に二一日後の九月五日になって、ようやく一方的な戦闘を停止させた。

精鋭といわれた大日本帝国陸軍関東軍七〇万は、圧倒的なソ連軍の前で、ほとんど抵抗することなく、数日後、東京からの停戦指示を受けて戦闘を止めた。

武装解除された兵士たちはシベリヤに送られ、厳寒のもと、満足な食事も与えられずに強制労働させられた。民間人男性も連れていかれた。千島や樺太からも連行された。

新天地に希望を抱いて移住した満蒙開拓団二七万人のほとんどは、歩いて日本に向かい、途中で八万人が命を失った。

そして樺太では、一五日の天皇の玉音放送＝日本の敗戦宣言の五日後、戦争が終わったはずなのにソ連軍が艦砲射撃とともに西海岸の真岡に上陸してきた。真岡郵便局で電話交換にあたっていた女性電話交換手九人が服毒自殺。北海道最北端の稚内では、九人の死を

函館港に迎え入れられた引揚者たち

悼んでいまも八月二〇日に平和記念祭が行われている。

樺太からの引揚げは難航を極めた。敗戦直後に脱出できた人の多くが命を失った。八月二二日、北海道の留萌沖では二隻のソ連潜水艦が樺太からの引揚者を満載した日本の船三隻を攻撃し合わせて一七〇〇人の民間人を殺した。そして樺太からの公式の引揚げが始まったのが、一年四か月後の一九四六（昭和二一）年一二月からだった。最終便となった一九四九（昭和二四）年七月二三日までに二七万九三五六人が函館港に帰ってきた。一方、ソ連と現在のウズベキスタンに抑留された日本軍は、五七万五〇〇〇人（七〇万を超えるという説もある）、戦後の四七年から五六年にかけて日本に復員（帰国）したが、実に五万八〇〇〇人が異国の地に眠った。遺族の団体は、いまも毎年夏、千鳥ヶ淵墓苑で抑留死亡者の名簿を三日間かけて読み上げている。

一〇年以上もの捕虜抑留は、ハーグ国際条約違反である。

ソビエトが北海道二分割を主張

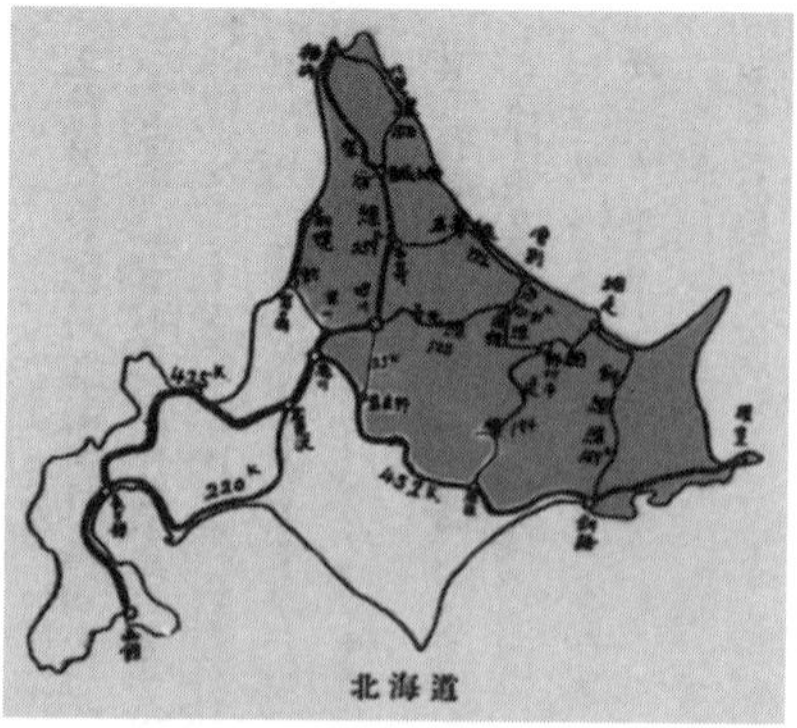

ソ連は北海道の二分割を望んだ

ソ連は二個師団に対して北海道への上陸命令を出していたが、これは実行されなかった。

また当時のソ連最高責任者であった書記長スターリンは、八月一六日、北海道の分割占領を米側に持ちかけたが、トルーマンに一蹴された。このときのスターリンの案は、北海道を日本海側北部の留萌《るもい》と、太平洋側東部の釧路《くしろ》を結ぶ線で南北東西斜めに分割するというものだった。もしもこれをアメリカが受け入れていたら、戦後の日本は、北海道の人びとはソ連側に取り込まれ、ソ連の脅威、東西冷戦によって不安定な国になっていた可能性もある。

開拓民が育てた満州の大豆畑

中国兵に見張られながら引揚げ船を待つ人びと

引揚げ船　興安丸

引揚げ船の船倉での食事

舞鶴港に入った興安丸

引揚げ船　白龍丸

引揚げ者への配給券交付所。乗車券のほか食料、衣類も交付された

引揚げ者のために用意された寮　博多

今も中標津に残る戦闘機を隠すための掩体壕

18. 北海道に米軍機動部隊

アメリカ軍は、サイパンからのB29による攻撃では届かない東北北部と北海道に対して広島、長崎への原爆投下より前の七月一四、一五日の二日間、米英の空母一三隻からなる機動部隊が三陸沖に北上して攻撃を加えていた。

日本にはすでに連合艦隊はなく、空軍力もなかったから、まさに思うがままの一方的な攻撃だった。函館、室蘭、根室の三市には艦砲射撃が行われた。

この戦争で連合国側からの艦砲射撃が行われたのは、沖縄、釜石、日立、浜松と、数少なかった。

なかでも製鉄所と製鋼所がある室蘭には、三隻の戦艦などが巨大な主砲で砲撃を加えた。青函連絡船も攻

根室にあった旧陸軍のトーチカ

撃され、八隻が沈没、二隻が座礁炎上した。帯広空襲に向かった艦載機四七機は悪天候で目標が見えなかったため、帰途、雲の切れ間に見えた十勝の本別町を襲った。本別は地方の町だが、まとまった市街地があったので都市に見えたと考えられる。市街地に爆弾を投下したうえ機銃掃射を加えた。

一連の北海道空襲で、死者一九五八人、負傷者九七〇人、罹災人口三万三四〇〇人にのぼった。このころ北海道沿岸では、なんと米潜水艦も浮上して小さな砲で陸地を砲撃している。登別《のぼりべつ》、斜里《しゃり》、様似《さまに》などで、そうした攻撃が記録されている。それほど日本は無防備、丸裸になっていた。

日本はアメリカの潜水艦に取り囲まれて船は次々に沈められ、関門海峡などは機雷で封鎖されて孤立を深めていった。

クローズアップ

国際法違反の阿波丸《あわまる》撃沈

輸送船「阿波丸」（1万1000トン）は、アメリカ政府の要請で日本に抑留されている連合軍捕虜のために、シンガポールから日本へ食糧や衣類を運んでいたもので、連合国が航海の安全を保証し、船腹に緑十字、甲板に白十字を描いていた。１９４５年3月28日、台湾海峡で、アメリカ軍潜水艦クイーンフィッシュの４本の魚雷を受けて沈没。一般人や外交官、婦女子50人を含む約２０００人が犠牲になった。アメリカも責任を認め、艦長の処分を約束したが、戦後、ＧＨＱから日本に対し賠償請求権の放棄が要求され、１９４９年４月、国会が放棄を決議して問題は終結させられた。

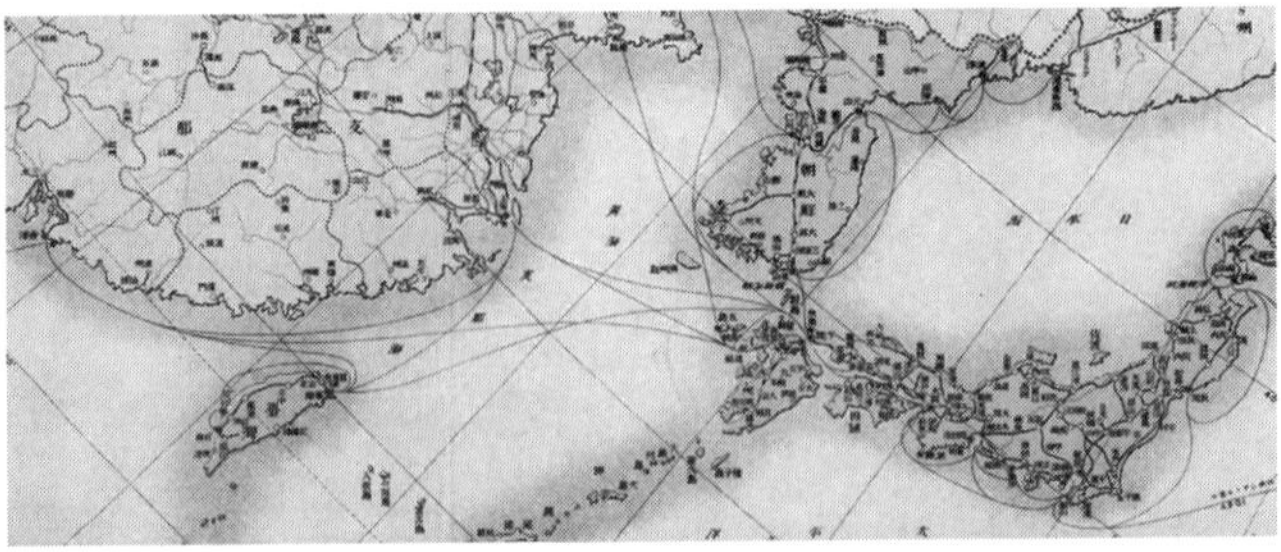

クローズアップ

留萌《るもい》沖三船遭難事件

終戦直後の1945年8月22日朝、樺太《サハリン》から引揚げ者を乗せた日本の船3隻が、北海道の日本海側、留萌《るもい》沖で、ソ連の潜水艦2隻に攻撃されて合わせて1700人が亡くなる事件があった。日本がポツダム宣言受諾を発表して停戦してから1週間も後のことで、戦争は終わっていた。ソ連の潜水艦は、L12号とL19号。

日本の3隻のうち、ケーブル敷設線の小笠原丸（1456トン）は、北海道北端の稚内で900人を降ろし小樽に向かっていたが、L12号の魚雷攻撃を受けて沈没、乗客638人が死亡した。

また貨物船の泰東丸（877トン）は、浮上してきたL19号が砲撃してきたため白旗を掲げたが、無視されて沈没。667人が死亡した。いずれも海に投げ出された乗客に向かって機銃掃射をして、とどめを刺している。

3番目の船は特設砲艦の第2号新興丸（2700トン）。船体に魚雷攻撃を受けて右舷に穴が開き、さらに浮上してきた潜水艦L19号に銃撃を加えられ約400人が死亡・行方不明になった。

このとき、12センチ砲での応戦にL19号は潜行して行方をくらましたが、あとには大量の重油が浮いていた。その後、L19号は宗谷海峡で沈没したらしい。第2号新興丸は機関に損傷がなかったため留萌港に入港して修理を受けた。

一方、ウラジオストクに帰ったL12号の乗組員らには勲章が授けられたという。

留萌港を望む小平町《おびらちょう》の海岸には、「三船遭難慰霊碑」が建てられている。

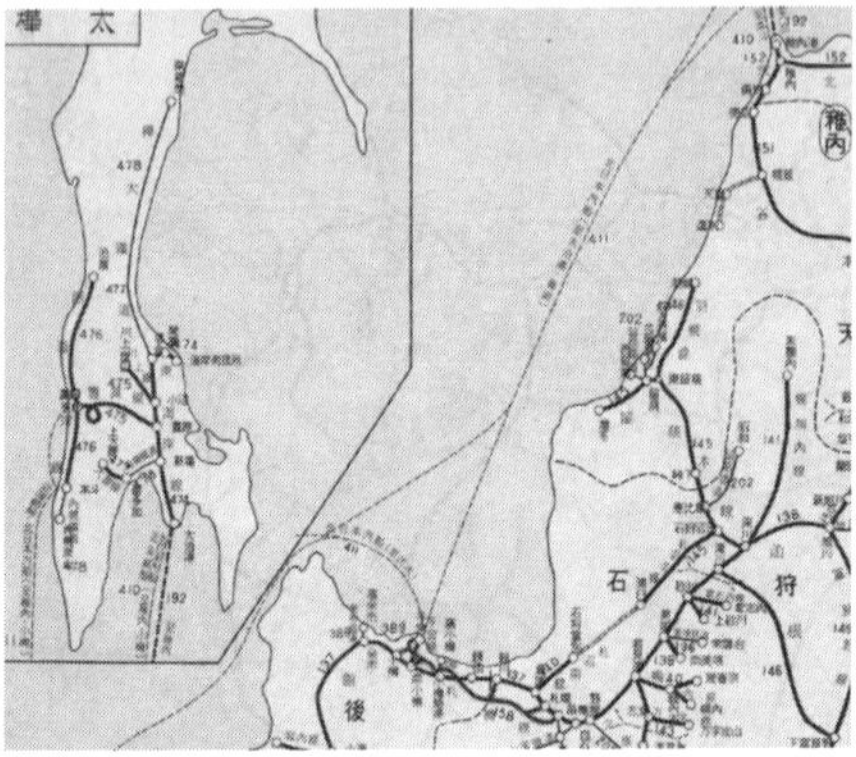

19. 降伏

枢軸国のうち、イタリアは一九四三年九月に降伏、ドイツも一九四五年五月、ヒトラーが自殺して降伏。そのドイツ・ベルリン郊外のポツダムに、一九四五年七月、米英ソの首脳が集まり、二六日、米英中三か国の名前で、日本に対して無条件降伏を要求する一三か条の最終宣言をまとめた。ソ連はのちにこの宣言に加わった。

「ポツダム宣言」と呼ばれるこの宣言は、日本に無条件降伏を求めるとともに、武装解除し、戦争犯罪を処罰し、世界を征服しようとする勢力を除去するまで日本を占領する。言論・思想の自由を保障する。国土は、本州・北海道・九州・四国と諸島とするなどだった。

この内容は、日本語など二〇の言語による短波放送で日本に伝えられた。

日本は、広島・長崎への原爆投下、ソ連参戦を受けて、一九四五年の八月一〇日、天皇も出席する御前会議で、宣言受諾を決め、八月一四日、スイス、スウェーデンの日本大使館を通じて連合国側に受諾を通告。一五日正午に、天皇がラジオを通じて国民に呼びかける「玉音放送」で国民に発表した。

ポツダム会談に臨むチャーチル（右）トルーマン（中央）スターリン（左）

敗戦の知らせに泣き崩れる人びと

アメリカ戦艦ミズーリ艦上で降伏文書に署名する重光葵

ポツダム宣言の受諾が、もう少し早ければ、どれほど多くの国民の命を救えただろうか。米軍は一四日夜から一五日朝にかけても空襲を続けていた。

降伏文書調印式は、九月二日、東京湾に浮かぶ米戦艦ミズーリ艦上で、日本側の重光葵《しげみつまもる》全権らが調印し発効した。右足が義足の重光は、日本が負けたことを世界に印象づけた。重光は、一九三二年七月、外交官として出席していた上海での天長節式典で、朝鮮独立運動家から爆弾を投げつけられ、右足を切断していた。

最大の焦点だった日本の天皇制の存続は、連合軍総司令官の手にゆだねられることになり、事実上、維持される方向となった。これは天皇の影響力によって戦後の日本を治めやすくしようとする、アメリカの意向があったものと思われる。

日中戦争から始まったこの戦争による日本人の犠牲者は三一〇万人とされる。これは一九六三年五月一四日の閣議決定の数字だが、それによると、軍人軍属の死亡二三〇万人、外地で死亡した民間人三〇万人、内地での戦災による死亡五〇万人となっている。もっと多いはずだという声もある。また戦死者の多くは餓死とみられている。軍指導部に対する怒りを禁じえない。

対するアメリカの戦死者は四一万人とされている。

また戦争は、アジアや太平洋の各国に多大の犠牲をもたらした。各国が公表したとされる死者の数は、中国一〇〇〇万人、インドネシア四〇〇万人、ベトナム二〇〇万人、フィリピン一一一万人、韓国二〇万人などである。

クローズアップ

敗戦を知らずに戦う

フィリピンの東、パラオ諸島のペリリュー島では、米軍のレイテ島上陸作戦にともなう激戦で1万人の守備隊が次々に戦死し、残った120人が最後に玉砕した。しかし戦争が終わったことを知らない34人が山中の洞窟に立てこもって、戦後2年半にわたってゲリラ戦を続け、日米合同の呼びかけで、ようやく救出された。

ほかにもこうした例はあった。戦後27年もたった1972年1月、観光客でにぎわうグアム島で、横井庄一陸軍伍長が発見、救出された。

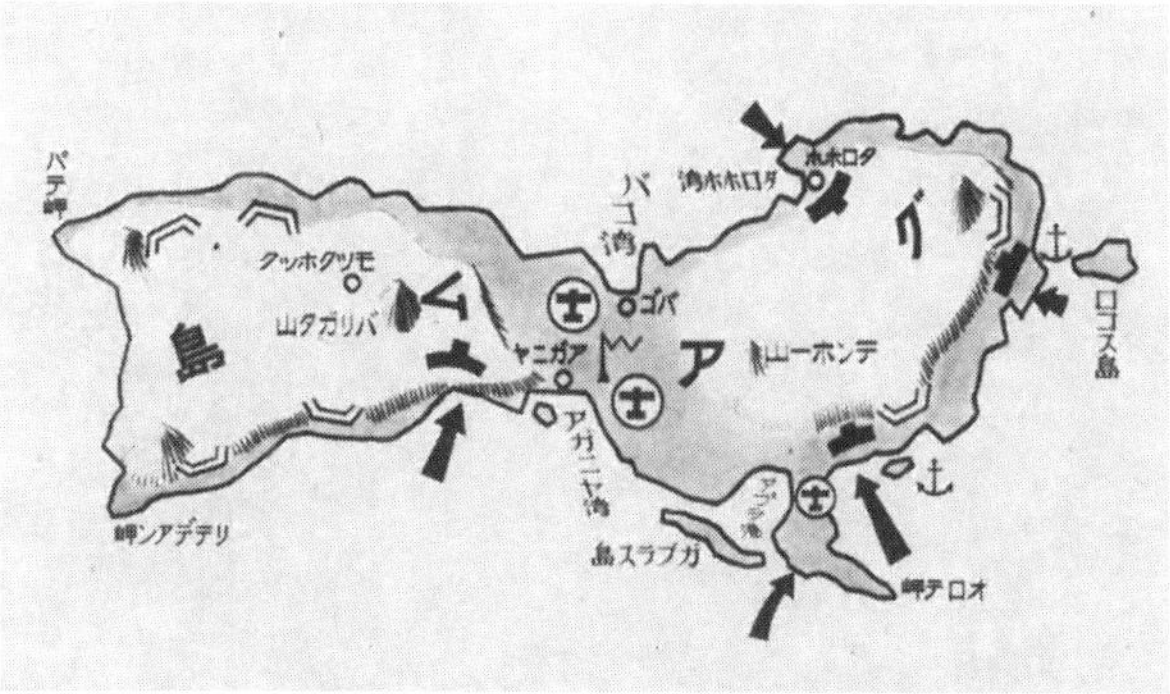

さらにその2年2か月後、フィリピン・マニラ湾入り口にあるルパング島で、小野《おの》田《だ》寛郎《ひろお》陸軍少尉の生存が確認された。「戦争は終わった。投降するように」という説得に応じないため、上官名による文語文の「任務解除」「帰国命令」を持って行って、戦後29年目にしてようやく投降させ、彼にとっての戦争を終わらせた。

彼は諜報活動を教える陸軍中野学校で教育を受け、上官から「決して玉砕するな。生き残って敵陣の情報を探れ」と命令されていたという。小野田さんはその後、ブラジルに渡って牧場経営にあたっていたが、晩年、日本にもどり自然塾活動をして91歳で亡くなった。

20. 戦後の混乱と民主化

敗戦は国民を虚脱に陥れたが、なんとか生きねばならなかった。アメリカ軍の進駐が始まった。連合軍最高司令官のマッカーサー元帥は、一九四五年八月三〇日、厚木飛行場にコーンパイプをくわえて降り立った。九月二日、米戦艦ミズーリでの降伏調印式では、片足が義足の重光葵全権が調印し、ここに日中戦争に始まった一連の戦争を含む太平洋戦争は、正式に終結した。連合軍総司令部＝GHQは、皇居外堀を望む第一生命ビルに設けられた。米占領軍は「進駐軍」と呼ばれ、四〇万人で日本を占領した。

厚木飛行場に降りるマッカーサー元帥

昭和天皇は、九月二七日、ここを訪れ、マッカーサーに会った。翌々日、各紙に掲載された二人が並ぶ写真を見て国民は仰天した。

モーニング姿の天皇に対してマッカーサーは、ノーネクタイの平服、体格の違いもあって、勝者と敗者の違いをはっきり見せつけた一枚だった。昭和天皇はその後、「人間宣言」をして、一九四六年二月から五四年八月にかけて、沖縄を除く全国を巡幸した。極東国際軍事裁判、いわゆる「東京裁判」で戦争指導者がA級戦犯として裁かれ、世界四九か所でBC級戦犯の裁判も行われたが、天皇の責任が追及されることはなかった。またアメリカによる原爆投下や空襲による焦土化作戦も問われなかった。空襲で住む家とともに親や家族を失った「戦災孤児」が一二万人いたとされる。

マッカーサー元帥と昭和天皇

外地からの軍人の復員や民間人の引揚げも進められた。舞鶴や佐世保は復員船や引揚げ船が到着する港となった。街は復員兵や引揚げ者、戦災孤児があふれ、都市より食料が得やすい農村部も人口が急増した。

ＧＨＱの指示で各方面の改革が急速に行われた。四大財閥の解体、大企業の分割、不在地主を否定して自作農を創設する農地改革、義務教

極東軍事裁判

育を三年制の新制中学校にまで拡大するなどの教育改革、そして民主的な憲法の制定だった。男女同権で初めての女性参政権を認めた新憲法は、最後の帝国議会で可決される形で、一九四六年一一月公布、一九四七年五月三日、施行された。これで大日本帝国は歴史上の名称となり、新たに「日本国」がスタートした。

満州は中華人民共和国（中国）、台湾は中国のひとつの省の形でもあるが、中華民国の名称を継続している。朝鮮は南が大韓民国、北が朝鮮民主主義人民共和国となった。樺太の南半分と千島列島北部がソ連領になったが、ソ連はさらに日本固有の千島列島南部の四島までも占領し、返還要求に応じていない。アジア諸国や南洋の島もそれぞれ独立した。

A級戦犯となった戦争指導者たち

各方面にわたる改革・民主化は、ＧＨＱの指示がなければ進まなかった。日本国民は戦争に負けて、初めて民主主義とは何かを理解するようになった。

一九五〇年六月、朝鮮戦争が勃発。三年後に停戦となるが、アメリカはこれを機に、日本をスイスのような永世中立国とする方針を転換し、自由主義陣営を守る防衛の一角を日本に担わせることになり、一九五四年、自衛隊が発足した。

朝鮮戦争のとき、中国が北朝鮮に人民義勇軍の大軍を送り込み参戦してきたことから、国連軍最高司令官となったマッカーサーは、中国東北部に五〇個もの原爆を投下して中ソの空軍力を壊滅させる戦略をたてるが、危険すぎるとして、トルーマン大統領から解任された。

一九五一年九月八日、サンフランシスコ平和条約が、米英など四八か国との間で調印された。これで日本は再び独立国となった。同時に日米安全保障条約も結ばれた。調印を拒否したソ連との間では、一九五六年一〇月、日ソ共同宣言が締結された。その年の一二月には国連にも加盟した。

沖縄は米軍のアジアでの拠点となり、軍政の下に琉球政府が置かれる形が二七年間続いたが、一九七二年五月一五日、日本に返還された。それより前、一九五三年には奄美群島が、一九六八年には小笠原諸島が日本に返還された。

こうして日本は、太平洋戦争の苦痛から逃れるように、かつて経験したことのない高度経済成長の道を進む。

クローズアップ

平成天皇、慰霊の旅

平成の天皇（現在の上皇）は、在任中、太平洋戦争の激戦地をたびたび訪れ、戦没者を慰霊した。

１９９４年には、日本人2万人が戦死、米軍2万９０００人近くが死傷した硫黄島を、戦後60年の２００５年には、サイパン島を訪れた。多くの民間人が身を投げた断崖の前では美智子皇后とともに、長い時間、頭を垂れつづけた。

そして２０１５年にはパラオ諸島のペリリュー島へ。２０１６年には、フィリピン・ルソン島中南部のカリラヤを訪れた。

そして国内唯一の激戦地となった沖縄には11回も訪れた。

このほか交戦国の、中国、アメリカ、オランダでも慰霊碑に花輪を捧げた。両陛下の姿は、悲惨な戦争を決して忘れてはいけないことを訴えていた。

あとがき

太平洋戦争での無数の戦死者の中には、敵の弾にあたって死ぬのではなく、食料の補給が途絶えたために餓死した兵士が、万単位であった。インパール作戦、ニューギニア、フィリピンなどで……。どれほど食べたかっただろう、どれほど無念だったろう、まさに政治家と軍指導部の責任である。

また現地の大勢の人たちを作戦に巻き込み死に至らしめた。そして国際法で禁じられている捕虜の虐待死である。戦争というものがいかに残虐な結果を生みだすのか、太平洋戦争を調べなおして胸に突き刺さった。

日本敗北の背景には、日米の生産力の圧倒的な差がある。アメリカは戦争をして勝てる相手ではなかった。

ニューヨーク・マンハッタンにあるエンパイアステートビルディング、一〇二階建て、三七三・二メートルのこのビルは、私が生まれる五年前、一九三一年に完成している。日本の高層ビル時代は一九七〇年になって、ようやく始まった。

またサンフランシスコ湾入り口のゴールデンゲートブリッジは、一九三七年に完成している。日本の瀬戸大橋の完成は、それから五一年後の一九八八年である。

さらにもっと時をさかのぼって振り返れば、日本の明治維新、一九六八年の翌年の一九六九年、アメリカには大陸横断鉄道が開通、同じ年にヨーロッパとアジアを結ぶ近道、スエズ運河が開通している。日本が長い鎖国封建時代をようやく終え、まだ、ちょんまげ姿で、木と土と紙の家に暮らし近代国家とは何かを、渋沢栄一らが調べ始めていたころに、欧米ははるか先を走っていたのだ。

それを最近、改めて感じたのがアメリカ映画の超大作、南北戦争のころを描いた『風と共に去りぬ』のDVD版を、わずか九八〇円（プラス税）で買って見たときだった。三時間四二分というこの映画は、なんと私がまだ三歳のとき（一九三九年）に、すでに全編カラーで撮影されていたのだ。当時、日本映画はようやく白黒トーキーだった。例を挙げればきりがない。日本はアメリカと戦争をして勝てるはずがなかったのだ。

さて太平洋戦争は、日本の真珠湾への奇襲で、それまで世論が分かれていた米国民は一致団結し、やる気を起こして兵器のフル生産となった。そうなると、当然、技術力、生産力の差が勝敗を分ける。

日本でも、開戦直後に世界最大を誇る戦艦「大和」が完成したが、その時点で、戦争は航空戦の時代に入っていて、大艦巨砲主義はすでに時代遅れ、「無用の長物」と化していた。

もうひとつの日本敗北の理由は、アメリカは、日本の暗号を解読していただろうということである。そして日本がそれに気づかなかった点である。日本は情報の大切さを理解していなかった。そのために多くの戦闘に敗れているのに対策をおろそかにし、精神論だけを強調した。

しかし、戦後、「十二歳の国＝日本」は、戦後の急速な民主改革も素直に受け入れた。この点からは、むしろ戦争に負けてよかったと言える。日本人は「民主主義」をアメリカから教わったのだ。「戦争放棄」「基本的人権」「思想の自由」を謳った、民主的な憲法を持つに至った。大きな犠牲を払ったこの戦争が招いた唯一プラスの面と言ってもいい。

ここで気になるのは、日本人はいまは、いったい何歳になっているのだろうかということだ。マッカーサーは、もうこの世にいない。

軍人軍属への戦後補償は、それなりに行われているが、私や私の家族のように空襲で被害を受けた者に対する補償、あるいは見舞いは、二一世紀となってすでに二十年が過ぎた今もまだ行われていない。空襲で命を失った人たちも数限りなくいる。

一九八七年、最高裁第二小法廷は「戦争損害は、国の存亡にかかわる非常事態のもとでは、国民は等しく受忍しなければならない」とする判決を出した。

しかし、「見舞いことば」の国会決議ぐらいはあってもいいのではないか。救済法の成立を求める声は、空襲被害者ばかりではない。沖縄戦や南方戦での民間被害者、この戦争で被害を受けた韓国・朝鮮人、とりわけ、そのBC級戦犯、シベリヤ抑留者なども補償を求めている。これをどうするのか。

この戦争の出発点は、戦前、自由な言論が封じられたことにあった。自由な言論をなくすことは、国を亡ぼす道を進むことを意味する。日本人はそのことを、大きな代償を払って知ったはずだ。だがいまも為政者は、自分に都合のいい方向に言論を従えようとしている。言論の自由はいまでもしっかり保障されているとは言えない。

「国境なき記者団」が五月三日に発表した「報道の自由度」では、日本は前年から順位を四つ下げて七一位となっている。戦争も、感染症も、ともに忘れたころに繰り返される。事実の隠蔽、そして忘却と無関心、それが次の戦争を生み出すのではないだろうか。

最後に、五四ページの四社共同特報のビラは、亡くなった母の遺品の中に残されていた。八〇歳を過ぎても、このような本を執筆できた健康な遺伝子を私に授けてくれた両親に感謝するとともに、私の人生を支えてくれた兄たちに心からの感謝と尊敬の念を捧げたい。

そしてコロナ禍が収まらないなか、本書の出版を決断された国書刊行会の佐藤今朝夫社長、いくつか助言をいただいた戦史研究家の中澤真野さん、面倒な編集作業を担当された田中聡一郎さんに心からの感謝と敬意をささげたい。

二〇二二年六月　著者

附記　戦争を鼓舞した軍歌・軍国歌謡

日中戦争から太平洋戦争へと拡大した十五年戦争の時代を、積極的に鼓舞推進したのが「歌」だった。優れた歌は、人の心を打ち、行動へと走らせる。その歌が為政者の意に沿ったものならば、為政者にとってこんなに都合のいいものはない。

今では、聴きたい音楽も、あふれる情報と同じようにスマートフォンなどで簡単に手に入る。好んで聴いたり歌ったりする歌は、世代ごと、グループごと、個人個人で異なるのが普通だ。七〇年ほど前は、今とまったく違っていた。音楽を聴くことのできる装置はラジオとレコードしかなかった。ラジオやレコードを通じて知った歌を、老いも若きも、子どもも大人も、女性も男性も、誰もが同じ歌を歌うのだった。まだテレビもなかった（テレビ放送は戦後一九五三〔昭和二八〕年に開始された）。

当時、国民歌謡と軍歌は、国民と前線の兵士を奮い立たせる、無限の力を持つエンジンだった。死地に赴く兵士たちも、これらを口ずさんでいたに違いない。

当時の数多くの軍歌と軍国的な国民歌謡の中で、国民のほとんどが歌っていたと考えられる、いわば当時流行ったヒットソングを別表※にまとめた。二、三の例外を除いて日本人の合言葉のように歌われていたと思う。

軍歌や軍国的な歌は、明治初期、日本の近代化にともなって陸軍と海軍が誕生した時からあった。最初に流行った歌は、一八六八（明治元）年の「宮さん宮さん、お馬の前に〜」のトンヤレ節だった。その後、日清、日露の二つの戦争を経《へ》て増えていった。

主なものを挙げれば、一九〇〇（明治三三）年に作られた「軍艦マーチ」、一九一一（明治四四）年の「歩兵の本領」、その後、「敵は幾万」、「抜刀隊」、「陸軍分列行進曲」、「雪の進軍」、「広瀬中佐」、「橘中佐」などがある。

日中戦争が進むころから、国民誰もが歌うようなヒットソングが出てきた。現在のインターネット上のサイト「陸海軍礼式歌」によると、軍歌・軍国的歌謡は、一九三七（昭和一二）年から年間一〇〇曲以上が作られるようになった。

一九三七年一三六曲、一九三八年が二〇四曲ともっとも多く、一九三九年一八五曲、一九四〇年一三三曲、一九四一年一七七曲、一九四二年一八三曲、一九四三年が一〇五曲となっている。

この中で一九三八（昭和一三）年、一九三九年、一九四〇年には、多くの国民に歌われたヒットソングが数多く出た。今から思えば太平洋戦争の心理的準備段階だったのだ。そして敗戦の色が濃くなった一九四四（昭和一九）年になって再びその数が増える。

だが敗戦の日を迎える一九四五（昭和二〇）年には、ほとんどそういったヒットソングは出なかった。発表される歌自体も減っていたと思われるが、ただ勇気や我慢、根性を訴える文言が、もはや国民の耳に届かなくなった、受け入れられなくなっていたのだろう。

歌の内容に共通しているのは、「大和男子として生まれたのだから、お国のために桜の花が散るようにいさぎよく死のう。そして靖国（神社）で会おう」と、国のために命を捧げることが美化されていたことだ。そして行進しやすいよう、ほとんどの曲が二拍子または四拍子だった。

いくつかの歌を例にあげると、一九三九（昭和一四）年一〇月に発表された「出征兵士を送る歌は、作詞：生田大三郎、作曲：林伊佐緒。歌詞は、「わが大君《おおきみ》に召《め》されたる　命栄《は》えある朝ぼらけ、讃えて送る一億の　歓呼は高く天を衝《つ》く　いざ征《ゆ》け強者《つわもの》日本男児《にっぽんだんじ》」だった。

一九四一（昭和一六）年五月発表の西条八十作詞、古賀政男作曲、「そうだ、その意気」

は、「何も言えず靖国の　宮の階《きざはし》ひれ伏せば　熱い涙がこみ上げる　そうだ、その意気、その気持ち、そろう、そろう気持ちが国護《くにまも》る」

一九四四（昭和一九）年九月の「ああ、紅《くれない》の血は燃ゆる」（野村俊夫作詞、明本京静作曲）は、「花もつぼみの若桜、五尺の命ひっさげて、国の大事に殉ずるは　われら学徒の面目ぞ、ああ紅の血は燃ゆる　ああ紅の血は燃ゆる」

同じ一九四四年の予科練の歌「同期の桜」（西条八十作詞、大村能章作曲）は、「貴様と俺とは同期の桜、同じ兵学校の庭に咲く　咲いた花なら散るのは覚悟　みごと散りましょう国のため」だった。

これらの当時の「名曲」を作った人たちを見てみると、作詞家では、西条八十《やそ》、野村俊夫、作曲家では、古関裕而《こせきゆうじ》、古賀政男、山田耕筰、大村能章《のうしょう》、飯田信夫の順に多かった。大手新聞社や日本放送協会（現ＮＨＫ）が一般から作詞を募集して作られた曲も多かった。作詞家、作曲家らは、軍部からの依頼を断ることはできなかったと思われるが、このままでは日本が滅びるかもしれないという状況のなか、使命感を抱いて懸命に練りに練った作品に仕上げていったと考えられる。

だが、これらの歌を歌いながら、心に秘めながら命を終えていった兵士や、あらゆる戦争犠牲者の胸の内を思うと、優れた歌が持つ恐ろしさの一面に戦慄を覚えざるを得ない。

※当時流行った軍歌と軍国歌謡

年（元号）	タイトル	歌い出し
昭和九年	国境の町	そりの鈴さえ寂しく響く　雪の荒野は
昭和一二年	海ゆかば	海ゆかば　みずく屍、山行かば　草むす屍
	軍国の母	心おきなく祖国のため名誉の戦死頼むぞと
	露営の歌	勝ってくるぞと勇ましく　誓って国を出たからにゃ
昭和一三年	愛国行進曲	見よ東海の空明けて、旭日高く輝けば
	愛国の花	真白き富士の気高さを、心の強い盾として
	日の丸行進曲	母の背中に小さい手で振ったあの日の日の丸の
	麦と兵隊	徐州、徐州と人馬は進む　徐州居よいか住みよいか

昭和一四年　太平洋行進曲　海の民なら男なら　みんな一度はあこがれた　太平洋の
九段の母　上野駅から九段まで　かつて知らないじれったさ
出征兵士を送る歌　わが大君に召されたる　命栄えある朝ぼらけ
父よあなたは強かった　父よあなたは強かった　かぶとも焦がす炎熱を
兵隊さんよありがとう　肩を並べて兄さんときょうも学校へ行けるのも兵隊さん
愛馬進軍歌　国を出てから幾月を共に死ぬ気でこの馬と

昭和一五年　紀元二千六百年　金鵄（きんし）輝く日本の　栄えある光身につけて
荒鷲の歌　見たか銀翼この勇姿　日本男子が精込めて
隣組　とんとんとんからりと隣組、格子を開ければ顔なじみ
月月火水木金金　朝だ夜明けだ潮（うしお）の息吹　うんと吸い込む
暁に祈る　ああ、あの顔で、あの声で
燃ゆる大空　燃ゆる大空　気流だ雲だ
空の勇士　恩賜のタバコをいただいて　明日は死ぬぞと決めた夜に
熱砂の誓い（建設の歌）　よろこびあふれる歌声に　輝け荒野の黄金雲

昭和一六年　そうだ、その意気　何も言えず靖国の　宮のきざはしひれ伏せば
朝だ、元気で　朝だ朝だよ朝日がのぼる　燃ゆる大空日が昇る

昭和一七年　大東亜決戦の歌　立つやたちまち撃滅の勝どき上がる太平洋

空の神兵　藍より青き大空に大空に　たちまち開く百千の

子を頌う　太郎よお前はよい子ども　丈夫で大きく強くなれ

昭和一八年　若鷲の歌（予科練）　若い血潮の予科練の　七つボタンは桜に錨

アッツ島血戦勇士顕彰国民歌　刃（やいば）も凍る北海の

比島決戦の歌　いざ来いニミッツ・マッカーサー

昭和一九年　同期の桜　貴さまと俺とは同期の桜　同じ航空隊の庭に咲く

ラバウル海軍航空隊　銀翼連ねて南の戦線、揺るがぬ守りの海鷲たちは

加藤隼戦闘隊　エンジンの音ごうごうと隼は行く雲の果て

ああ紅の血は燃ゆる（学徒動員の歌）　花もつぼみの若櫻、五尺の命ひっさげて国の大事に

轟沈　可愛い魚雷と一緒に積んで青いバナナも黄色く熟れて

ああ神風特別攻撃隊の歌　無念の歯かみ耐えつつ待ちに待ちたる決戦ぞ

昭和二〇年　ラバウル小唄　さらばラバウルよ　また来る日まで

米軍が作成した空襲目標都市180

（サイパン島に展開した、米陸軍第20航空部隊が1945年7月21日に作成したもの。

地名は、当時の行政区画名による）

▼原爆投下予定地であり、その効果を明確にするため事前の空襲が禁止された都市
京都、広島、長崎、小倉
▼十分破壊済みで、これ以上の空襲は不要とされた都市
横浜、川崎、名古屋、神戸
▼あと1回空襲するだけでよいとされた都市
東京、大阪、尼崎
▼レーダー測定が困難なため（山岳地、悪天候など）無理な空襲は不要とされた都市
福岡県久留米市など14都市（レ）
▼北緯39度以上の北方にあり、飛行機のあるサイパン島からの空襲が困難とされた都市
札幌など17都市（北）
▼このほかの都市への空襲は任意とされた

1 東京（あと1回）
2 大阪市（あと1回）
3 名古屋市（必要なし）
4 京都市
5 横浜市（必要なし）
6 神戸市（必要なし）
7 広島市
8 福岡市
9 川崎市（必要なし）
10 広島県呉市
11 福岡県八幡市（レ）
12 長崎市
13 仙台市
14 札幌市（北）
15 静岡市
16 熊本市

17 長崎県佐世保市
18 北海道函館市（北）
19 山口県下関市
20 和歌山市
21 神奈川県横須賀市
22 鹿児島市
23 石川県金沢市
24 大阪府堺市
25 兵庫県尼崎市（あと1回）
26 福岡県小倉市
27 福岡県大牟田市
28 岐阜市
29 静岡県浜松市
30 北海道小樽市（北）
31 岡山市
32 新潟市

33 愛知県豊橋市
34 福岡県門司市
35 大阪府布施市（レ）
36 富山市
37 徳島市
38 愛媛県松山市
39 兵庫県西宮市
40 香川県高松市
41 北海道室蘭市（北）
42 高知市
43 兵庫県姫路市
44 三重県四日市市
45 山梨県甲府市
46 山口県宇部市
47 青森市（北）
48 福井市

49 埼玉県川口市（レ）
50 秋田市（北）
51 千葉市
52 岩手県盛岡市（北）
53 福岡県久留米市（レ）
54 福岡県若松市（レ）
55 栃木県宇都宮市
56 北海道旭川市（北）
57 群馬県前橋市
58 群馬県桐生市
59 福岡県戸畑市（レ）
60 愛知県岡崎市
61 茨城県日立市
62 宮崎県延岡市
63 大分市
64 長野市
65 青森県八戸市（北）
66 長野県松本市
67 群馬県高崎市
68 愛知県一宮市
69 山形市（レ）
70 三重県津市
71 静岡県清水市
72 滋賀県大津市
73 新潟県長岡市
74 宮崎市
75 茨城県水戸市
76 大阪府吹田市（レ）
77 大分県別府市
78 北海道釧路市（北）
79 東京都八王子市
80 奈良市
81 千葉県銚子市
82 埼玉県大宮市
83 埼玉県浦和市
84 富山県高岡市
85 山口県防府市
86 宮崎県都城市（レ）
87 千葉県市川市
88 福島県郡山市（レ）
89 広島県福山市
90 岐阜県大垣市
91 愛媛県今治市
92 島根県松江市
93 静岡県沼津市
94 三重県宇治山田市
95 愛媛県宇和島市
96 神奈川県小田原市

97 石川県小松市
98 青森県弘前市（北）
99 山口県岩国市
100 千葉県船橋市
101 佐賀市
102 京都府東舞鶴市
103 鳥取市
104 愛知県半田市
105 埼玉県熊谷市
106 山形県米沢市
107 広島県尾道市
108 栃木県足利市
109 福島市（レ）
110 福島県若松市（レ）
111 兵庫県明石市
112 鳥取県米子市

113 福岡県直方市
114 福岡県飯塚市
115 大阪府岸和田市
116 山口県小野田市
117 愛知県瀬戸市（レ）
118 大阪府豊中市
119 長崎県諫早市
120 神奈川県平塚市
121 愛媛県新居浜市
122 岩手県釜石市（北）
123 三重県桑名市
124 神奈川県鎌倉市
125 長野県岡谷市
126 群馬県伊勢崎市
127 岡山県津山市
128 兵庫県芦屋市

129 広島県三原市
130 山口県徳山市
131 埼玉県川越市
132 山口市
133 神奈川県藤沢市
134 北海道帯広市（北）
135 新潟県三条市
136 宮城県石巻市
137 大分県日田市
138 茨城県土浦市
139 滋賀県彦根市
140 山形県鶴岡市
141 北海道池田町（北）
142 岡山県玉野市
143 三重県松阪市
144 長野県上田市

145 兵庫県飾磨市
146 青森県川内町（北）
147 秋田県能代市（北）
148 東京都立川市
149 愛媛県西条市
150 熊本県八代市
151 兵庫県伊丹市
152 山口県下松市
153 静岡県三島市
154 岩手県宮古市（北）
155 大分県佐伯市
156 和歌山県新宮市

157 山口県萩市
158 島根県浜田市
159 岡山県倉敷市
160 山形県酒田市
161 京都府福知山市
162 愛媛県八幡浜市
163 福井県敦賀市
164 佐賀県唐津市
165 岐阜県高山市（レ）
166 栃木県栃木市
167 長崎県島原市
168 新潟県高田市

169 福島県平市
170 石川県七尾市
171 京都府舞鶴市
172 新潟県柏崎市
173 兵庫県洲本市
174 大分県中津市
175 和歌山県海南市
176 千葉県館山市
177 長野県飯田市
178 香川県丸亀市
179 岐阜県多治見市
180 静岡県熱海市

参考文献

朝日新聞社『アサヒグラフに見る昭和の世相5』朝日新聞出版、一九七五
朝日新聞社『アサヒグラフに見る昭和の世相6』朝日新聞出版、一九七六
池田清編『太平洋戦争研究会　図説　太平洋戦争　河出書房新社、二〇〇五
池田清編『太平洋戦争研究会　図説　第二次世界大戦　河出書房新社、二〇一九
チェスター・マーシャル　B29日本爆撃30回の実録　ネコ・パブリッシング、二〇〇一
オリバー・ストーン他『オリバー・ストーンが語るもうひとつのアメリカ史』早川書房、二〇一五
日本の空襲編集委『日本の空襲6　近畿』三省堂、一九八〇
「日本はなぜ焼き尽くされたのか」NHK、二〇一七年八月三一日放送
「悪魔の兵器はこうして誕生した」NHK、二〇一八年八月一二日放送
NHKスペシャル取材班『日本人はなぜ戦争へと向かったのか』新潮社、二〇一五
NHK取材班『対日仮想戦略オレンジ作戦』角川書店、一九九五
『ドキュメント第2次世界大戦　日米開戦前夜』DVD、コスミック出版、二〇一〇
『ドキュメント第2次世界大戦　B29本土爆撃』コスミック出版、二〇一二
半藤一利監修『ドキュメント第2次世界大戦　太平洋戦争』ユーキャン、二〇一一
『グラフィックカラー昭和史6　太平洋戦争前期』研秀出版、一九七六

『グラフィックカラー昭和史7　太平洋戦争後期』研秀出版、一九七六
『毎日年鑑　昭和20年度』毎日新聞社、一九四五
『1億人の昭和史3　太平洋戦争』毎日新聞社、一九七六
『図説　日本史通覧』帝国書院、二〇一九
『最新世界史図説　タペストリー16改訂版』帝国書院、二〇二一
『文藝春秋2015年春　大人の近現代史入門』文藝春秋社、二〇一五
早乙女勝元・松浦総三編『太平洋戦争末期の市民生活』鳩の森書房、一九七七
白石光・おちあい熊一『図解でわかる空母のすべて』学研プラス、二〇一八
島田俊彦『関東軍　在満陸軍の独走』中央公論社、一九六五
望月學『憶い出の比島戦線』近代文藝社、一九八三
北海道教職員組合編『語りつぐ戦争体験』榛書房、一九八二
菊地慶一『語りつぐ北海道空襲』北海道新聞社、二〇〇七
なかにし礼『NHK知る楽　探求この世界　不滅の歌謡曲』NHK出版、二〇〇九
『時空旅人15　日本戦後史』三栄書房、二〇一三
二日市到『侵略戦争の果てに～15年戦争下に育って』
日本民主主義文学会大分支部「大分文学」14・16・17・18号、二〇一〇～二〇一一

写真

『写真集　支那事変』

『満洲事変の裏面史』

『定本　大関東軍史』

『日本陸海軍八十年』

『図説総覧　海軍史事典』

『フォトグラフ日本海軍　昭和十六年』

『フォトグラフ日本海軍　昭和十七年』

『フォトグラフ日本海軍　昭和十八年』

『フォトグラフ日本海軍　昭和十九年』

『フォトグラフ日本海軍　昭和二十年』

『帝国海軍写真集2　海の兵隊』

『帝国海軍写真集3　海軍予備学生』

『秘録・ビルマ独立と日本人参謀』

『写真集　海軍軍楽隊』

『ふるさとの思い出写真集一三〇　堺』

『ふるさとの思い出写真集三一〇　大阪（上）』
『写真集　海軍の翼　艦攻・艦爆・陸攻篇』
『写真集　海軍の翼　偵察・練習・特攻篇』
『写真集　海軍の翼　戦闘機篇』
『中国大陸写真集3　敗戦・引揚げの慟哭』
『写真集　さらば奉天』
『写真集　望郷樺太』
『絵葉書　明治・大正・昭和』
『大正・昭和を飾った女たち（上）』
『大正・昭和を飾った女たち（下）』
『流行歌と映画でみる戦後の時代1』

以上、国書刊行会刊。他に、著者が所有する写真、パブリックドメインの写真等を使用
カバーの写真は小学校6年生の著者

著者略歴

二日市 壮（ふつかいち・そう）

1936年西宮市生まれ。ＮＨＫ記者として環境問題などを取材。定年後、名古屋大、中京大講師を経て韓国へ。主に韓国ＫＢＳ日本語放送に携わり滞在12年。仁川大、韓国外大で日本語を教える。著書『原始河川』（共著）『明日を探る北海道農業』『韓国擁護論』（以上、国書刊行会）。『京浜工業地帯』（共著、泰流社）。ビデオ『東海レールウォッチング』（ＮＨＫサービスセンター）。

十《じゅう》二《に》歳《さい》の国《くに》の戦《せん》争《そう》　拝復 マッカーサー様

2022年8月15日　初版第一発行

著　者　　二日市　壮
発行者　　佐藤今朝夫
発行所　　株式会社 国書刊行会
〒174-0056 東京都板橋区志村 1-13-15
電話 03-5970-7421　ファックス 03-5970-7427
https: //www.kokusho.co.jp

ISBN 978-4-336-07377-8

印刷　株式会社シナノパブリッシングプレス／製本　株式会社ブックアート
定価はカバーに表示されています。
落丁・乱丁本はお取替え致します。